KB272346

2

통하는 통합사회 2

통합사회연구소 지음

편탄클

통합사회를 통해 여러분이 행복해지기를 바랍니다. 통통!!

'통합사회'는 '행복'을 말하는 교과입니다. 행복은 삶의 목적이라고까지 이야기합니다. 당연합니다. 불행하기 위해 사는 사람은 없을 겁니다. 그럼 행복은 어떻게 얻어질까요? '통합사회'는 사회적 동물인 인간은 행복한 사회 속에 있어야 행복을 느낄 수 있고, 행복한 사회는 그 사회를 바라보는 다양한 관점을 통해 이해하고 개선해 나갈 때 만들어진다고 이야기합니다.

행복해지는 것도 참 쉽지 않네요. 그런데 만약 다양한 관점과 여러 교과에 대한 종합적 이해를 가능하게 하는 선생님이나 코치가 있다면, 여러분의 생각을 마음껏 펼칠 수 있는 좋은 운동장과 도구가 있다면, 그 시작이 좀 더 쉬워지지 않을까요? 그렇게 여러분의 행복을 돕자는 생각에서 이 책은 나오게 되었습니다. 참여를 통해 사회와 가까워지고, 지식을 통해 학교 안팎에서 성장하고, 우정을 통해 다른 삶과 연대하여 결국은 여러분이 품고 있는 그 소중한 꿈에 이르도록 말입니다.

　자, 이제 통합사회연구소가 만든 『통하는 통합사회』라는 운동장에서 교과서를 이해하고, 다른 관점에서 다시 생각해 보며, 결국은 여러분의 것으로 만드는 일, 그것을 통해 사회적 행복을 위한 통합적 시선을 갖추는 구체적인 훈련을 시작해 보세요.

　여러분의 효과적인 훈련을 위해, 그리고 지금 당장의 구체적인 행복인 성적과 진학을 위해 『통하는 통합사회』는 이렇게 준비했습니다.

❶ 통합사회 교과서의 단원별 체제를 그대로 따랐습니다.
　➡ 실전 같은 훈련을 위해!

❷ 교과서 단원 내용을 짧게 요약했습니다.
　➡ 기본적인 이해를 위해!

❸ 교과서의 핵심 개념을 툰으로 만들었습니다.
　➡ 쉽게 보고, 오래 기억할 수 있게!

❹ 교과서의 핵심 개념으로 짧은 스토리를 만들었습니다.
　➡ 재미 있게 생각해 볼 수 있게!

❺ 스토리 디저트도 만들었습니다.
　➡ 다른 생각도 해볼 수 있게!

❻ 에세이를 준비했습니다.
　➡ 깊이 생각해 볼 수 있게!

❼ 트레이닝할 수 있는 질문들을 놓아두었습니다.
　➡ 생각을 정리하고 점검하며 논술·토론할 수 있게!

어쩔 수 없이 닥쳐오는 많은 평가에 불안할 때, 여러분이 느끼는 압박과 스트레스의 사회적 원인을 알고 싶을 때, 『통하는 통합사회』에서의 훈련이 도움이 되었으면 합니다. 이 책을 통해 우리 사회를 바라보는 여러분의 시선이 더 넓고 깊어지기를 기대합니다.

무엇보다 여러분이 행복해지는 데 이 책이 도움이 되었으면 합니다. 그 누가 뭐라 하든 결국 우리 모두는 행복하기 위해 살아가는 것일 테니까요. 그리고 행복은 미래에 있는 것이 아니라 바로 지금, 여러분 옆에 있어야 하는 것이니까요.

자, 이제 준비되었나요? 그럼, 훈련 시작. 통통!

통합사회연구소를 대표하여

염명훈·송원석

인권 보장과 헌법

더 나은 인권을 위하여

── 인권 보장과 헌법 ──

1. 인권 확장의 역사
❶ 인권의 의미와 변화 양상   ❷ 현대사회의 인권

2. 인권 보장을 위한 헌법의 역할과 시민 참여
❶ 인권 보장을 위한 헌법의 역할
❷ 시민의 권익 보호를 위한 다양한 실천 방안

3. 인권 보장을 위한 헌법의 역할과 시민 참여
❶ 인권 보장을 위한 헌법의 역할
❷ 시민의 권익 보호를 위한 다양한 실천 방안

인권이란 인간이 단지 인간이라는 이유만으로 가지는 기본적인 권리로, 인간의 존엄성과 행복을 보장하기 위한 권리를 말합니다. 인권은 모든 사람에게 예외 없이 적용되는 보편성, 태어날 때부터 주어지는 천부

성, 누구도 함부로 빼앗을 수 없는 불가침성, 그리고 시간이 지나도 계속 유지되는 항구성이라는 특징을 지닙니다.

인권은 역사 속에서 점차 확장되어 왔습니다. 특히 근대 시민혁명은 인권 역사에서 중요한 전환점이 되었습니다. 영국의 명예혁명, 미국의 독립혁명, 프랑스혁명을 거치면서 자유권과 평등권의 개념이 확립되었습니다. 이후 차티스트운동과 여성 참정권 운동 등 끈질긴 투쟁을 통해 노동자와 여성의 참정권이 확대되면서 인권의 범위는 오늘날까지 지속적으로 넓어지고 있습니다.

산업혁명 이후 자본주의가 발달하면서 빈부 격차와 열악한 노동 환경 문제가 심각해지자, 사회적 약자를 보호하기 위한 사회권이 등장했습니다. 특히 1919년 독일의 바이마르헌법은 국가가 국민의 인간다운 생활을 보장해야 한다는 사회권적 기본권을 세계 최초로 명시하여, 노동권·교육권·사회보장권 등 다양한 사회적 권리가 헌법에 담기는 계기가 되었습니다.

두 차례의 세계대전을 겪으면서 인권 침해에 대한 반성과 국가 간 협력의 필요성이 커졌고, 평화와 발전을 위해 함께 노력할 권리인 연대권이 중요하게 떠올랐습니다. 1948년 유엔이 채택한 세계인권선언과 이후의 여러 국제 인권 규약들은 인권의 국제적 기준을 제시하며, 인권이 인류가 함께 지켜야 할 보편적 가치라는 점을 분명히 했습니다.

현대사회에서는 사회 변화와 기술 발전에 따라 인권의 영역이 더욱 세분화되고 확장되고 있습니다. 오늘날 새롭게 강조되는 인권으로는 주거권·안전권·환경권·문화권 등이 있습니다. 주거권은 인간다운 삶을 영위하기 위해 안정적이고 쾌적한 주거 환경에서 생활할 권리이며, 안전권은 각종 재난과 범죄, 사고로부터 생명과 신체를 보호받을 권리입니다. 환경권은 건강하고 쾌적한 환경에서 살아갈 권리로, 미래 삶과도 연결되는 권리입니다. 문화권은 누구나 자유롭게 문화 활동에 참여하고, 자신의 문화적 정체성을 유지하고 표현할 권리를 포함합니다. 또한 정보 기술이 급속도로 발전하면서 개인정보 보호의 중요성이 커졌고, 온라인에 남은 자신의 정보를 삭제해달라고 요구할 수 있는 '잊힐 권리' 같은 새로운 인권에 대한 논의도 활발히 진행되고 있습니다.

헌법은 인권을 보호하는 국가의 최고 규범으로, 인간의 존엄과 가치, 행복추구권을 모든 기본권의 핵심 가치로 분명히 밝히고 있습니다. 우리 헌법이 보장하는 기본권에는 자유권, 평등권, 참정권, 사회권, 청구권 등이 있으며, 국가는 국민의 기본적 인권을 확인하고 이를 보장할 의무를 집니다. 또한 국가 권력에 의한 인권 침해를 막기 위해 권력분립, 민주적 선거제도, 복수정당제 등 다양한 민주주의 제도를 운영하고, 기본권 침해가 발생했을 때 헌법소원 등 여러 구제 제도를 통해 권리 회복의 길을 마련하고 있습니다.

인권 보장과 사회 문제 해결을 위해서는 적극적인 시민 참여가 필수적입니다. 시민은 선거와 국민투표에 참여하고, 정당과 시민단체 활동, 공청회 참석, 온라인 의견 표명 등 다양한 방식으로 영향력을 행사할 수 있습니다. 이러한 시민 참여는 현대 대의민주주의의 한계를 보완하고, 사회 변화를 이끌어 공동체의 이익을 넓혀가는 핵심적인 동력이 됩니다. 정의롭지 못한 법이나 정책에 대해 비폭력적인 방식으로 저항하는 시민불복종도 일정한 요건을 갖춘다면 정당한 참여 방식으로 인정받습니다.

현대사회에서는 사회적 소수자에 대한 차별, 청소년의 노동권 보장 등 과거에는 주목받지 못했던 새로운 인권 문제들이 대두되고 있습니다. 사회의 변화에 따라 인권의 내용과 범위도 지속적으로 확장되고 있습니다. 따라서 우리는 변화하는 인권의 가치를 올바르게 이해하고 존중하는 태도를 가져야 합니다. 나아가 인권 침해를 해결하기 위한 적극적인 시민 참여와 실질적인 보호를 위한 제도적 노력이 병행될 때, 비로소 모두의 인권이 보장되는 사회를 실현할 수 있습니다.

인권은 성적순이 아니에요

3
아니에요…!!
전 다른 학생들과
전혀 똑같지 않은 것
같아요…

4
아니에요!!
인권이란 것은
누구나 태어날 때부터
똑같이 가지고
있는 것이에요!
인권선언문
인권의 천부성

5
하지만…
전 할 수만 있다면
다른 친구랑
바꾸고 싶은 걸요.

6
높! 인권은 절대
누구에게 주거나
바꿀 수 없어요!
인권선언문
인권의 양도불가성

7
또한
누가 원한다고 해도
절대 침범할 수 없는
권리랍니다!
인권선언문
인권의 불가침성

8
그러한
인권의 특성은
우리가 늙어서까지도
영원히 계속되고요!
인권의 항구성

9
그러면
안 되는데…
어허
무슨 소리!
인권은 누가 뭐래도
지켜야 하는
거예요!

10
무슨 소리
하시는 거예요!
제 인권 침해적인
시험 점수를
고쳐달라고요!
23
그건 네가
공부해서
고치면 되잖아!

바닷속 심청

"심청은 시각이 급하니 어서 바삐 물에 들라."

심청이 거동 보소. 두 손을 합장하고 일어나서 하느님께 비는 말이,

"비나이다, 비나이다, 하느님께 비나이다. 제가 죽는 일은 조금도 서럽지 아니하나, 병든 아버지 깊은 한을 생전에 풀려 하고 이 죽음을 당하오니 하늘 땅 감동하사 어두운 아비 눈을 밝게 밝게 뜨게 하옵소서."

눈물지며 하는 말이,

"여러 선원님들, 평안히 가옵시고 억십만금 이문 남겨 이 물가를 지나거든 나의 혼백 불러내어 물밥이나 주시오."

하며 안색을 변치 않고 뱃전에 나서보니 티 없이 푸른 물은 '월렁 콸콸렁렁' 뒤집어 굽이쳐서 물거품 산산이 터지는데, 심청이 기가 막혀 뒤로 벌떡 주저앉아 뱃전을 다시 잡고 기절하여 엎딘 양은 차마 눈 뜨고 보지 못할 지경이다.

심청이 다시 정신 차려 할 수 없어 일어나서 온몸에 힘을 주고 치마 폭을 뒤집어쓰고, 종종걸음으로 물러섰다 바다에 몸을 던지며,

"애고애고, 아버지. 나는 죽소."

뱃전에 한 발이 지칫하며 거꾸로 풍덩 빠져 놓으니, 꽃 같은 몸이 풍랑에 휩쓸리고 밝은 달이 물속에 잠기어 너른 바닷속에 곡식 낱이 빠진 것 같았다.[1]

바닷속 수정궁에서의 하루하루는 느리게 느리게 지나갔다. 자신이 물에 뛰어들기 전날 옥황상제가 용왕에게 내렸다는 명령으로 심청이 물에 들자마자 고이 모셔 다디단 음식이며 눈부신 옷이며 대접이 극진했지만, 심청에겐 짠지 하나 두고 먹던 조밥, 주워 입던 해진 옷들과 별반 다를 게 없었다. 그것들은 낯설었다. 한 번도 내 손에 쥘 수 있다 생각해보지 못한 것들이 바로 앞에 그득그득 차려져 있었지만 그림 속에 있는 듯 영 제 것 같지 않았다. 청에게는 혼자 계실 아버지의 살림이 걱정이었고, 자기 목숨값이 몽운사 화주승 말대로 효험이 있어 정말 아버지의 눈을 뜨게 했는지가 먼저였다.

하지만 무엇보다 제일 크게 심청을 괴롭힌 것은 배에서 심청의 목숨을 재촉하던 뱃사람들의 목소리, 사지를 벌벌 떨며 검은 바다로 떠밀리듯 뛰어내리던 순간 터질 듯 뛰던 심장, 뼈 마디마디 저릴 정도로 차가웠던 바닷물, 얼굴이 물속에 들어가면서 코와 입으로 밀려 들어오던 짠

---

1 『심청전』 중 인당수 뛰어드는 대목.

바닷물의 기억이었다. 심청은 매일 밤 소리를 지르며 잠에서 깼고, 쉬어지지 않는 가슴을 쾅쾅 치며 발을 굴렀다. 그때마다 시중들던 물개며 밖을 지키던 상어까지 들어와 놀란 얼굴로 바라보곤 했지만, 심청을 도울 수 있는 일은 없었다.

심청은 바닷속에서 혼자였다.

그렇게 심청이 곡기를 끊고 하릴없이 앉아 나날이 여위어가자 어느 날 용왕이 근심 어린 얼굴로 찾아와 물었다.

"물속의 음식이 입에 맞지 않는 것이오? 아니면 말 못할 근심이 있는 것이오? 듣자 하니 한 번도 웃는 얼굴을 본 물고기가 없다던데?"

"제 아비 안부가 궁금하옵니다."

심청은 자신을 괴롭히는 악몽을 말하는 게 괜히 부끄러워 아비의 일을 먼저 말했다.

"이미 소저(小姐)가 버린 천륜(天倫)에 미련을 두는 일이 얼마나 어리석소. 이곳은 소저의 고향과는 멀리 떨어진 깊은 바닷속. 끊어진 인연(因緣)은 실 끊어진 연(鳶) 같으니 계속 마음에 두고 있는 것은 그대의 심신을 상하게 할 뿐이오. 그러니 상제께서 약속하신 3년 동안 몸과 마음을 닦아 새로운 세상에서 귀히 쓰일 일을 도모하시구려."

천륜을 버렸다는 용왕의 말이 덜컥 귀에 와 부딪혔다.

"천륜을 버리다니요. 제가 아무리 철없는 어린것이었다 해도 제 목숨 귀한 줄 왜 모르겠습니까? 다만 앞 못 보는 아버지의 개안(開眼)이 낳아주시고 길러주신 은혜를 조금이라도 갚는 길이라는 생각에 어쩔 수 없이 목숨을 남의 손에 맡긴 것 아닙니까?"

용왕은 발끈해서 대드는 심청을 한참이나 바라보다 입을 열었다.

"지금 목숨이 귀한 걸 안다고 했소? 그런데 부모보다 앞서 그 귀한 목숨을 버린 것은 소저가 스스로 선택한 일 아니었소? 갖은 고생으로 키운 아비의 뜻을 거슬러 자기 목숨은 온전히 자기만의 것이란 생각에 장사치들과 목숨값을 흥정하던 그대가 할 말은 아닌 듯싶구려. 소저가 마을을 떠나던 날 아비 심학규의 통곡은 기억나지 않는 것이오?"

용왕은 조용히 손을 들어 방 안의 큰 거울을 가리켰다. 거울 속에서는 헤어지던 날 땅바닥에 주저앉아 있는 아버지의 모습이 서서히 나타났다.

못 가리라, 못 가리라. 네가 날더러 묻지도 않고 네 마음대로 한단 말이냐? 네가 살고 내가 눈을 뜨면 그는 마땅히 할 일이나, 자식 죽여 눈을 뜬들 그게 차마 할 일이냐? 너의 어머니 늦게야 너를 낳고 초이래 안에 죽은 뒤에, 눈 어두운 늙은 것이 품 안에 너를 안고 이집 저집 다니면서 구차한 말 해가면서 동냥 젖 얻어 먹여 이만치 자랐는데, 내 아무리 눈 어두우나 너를 눈으로 알고, 너의 어머니 죽은 뒤에 걱정 없이 살았더니 이 말이 무슨 말이냐? 마라 마라, 못 하리라. 아내 죽고 자식 잃고 내 살아서 무엇 하리? 너하고 나하고 함께 죽자. 내 목숨 팔아 너를 사도 부족한데, 너를 팔아 내 눈을 뜬들 무엇을 보려고 눈을 뜨리?

꿈처럼 보게 된 아비의 모습이 반가워 서운한 마음도 잊고 거울을 붙잡아 한없이 쓰다듬으며 울고 있는 심청을 바라보던 용왕이 말을 이었다.

"다시 새기시오. 상제께서는 소저의 마음을 어여삐 여기셔서 내게 그대를 보살피라 하셨지만 내 생각은 조금 다르오. 소저는 아비만큼이나 눈이 어두워 정작 중요한 것이 무엇인지, 아비를 위해 진정으로 해야 할 일이 무엇인지 알지 못하고 있는 것이오. 이 수정궁에 있는 동안 다시는 보여주지 않을 아비 심학규의 통곡을 잘 기억하시오. 그리고 소저의 잘못이 무엇인지도 잘 생각하시오."

용왕은 몸을 돌려 나가려다 말을 이었다.

"물론 이 모든 일이 어리디어린 소저만의 잘못은 아닐 것이오. 여래를 팔아 시주를 구하려는 중, 더 큰 재물을 위해 목숨을 돈으로 사려 한 뱃놈들. 간절한 마음을 이용해 이익을 얻으려 뱀의 혀를 놀린 그자들은 꼭 지옥에서라도 죗값을 받게 될 것이오. 그리고 무엇보다 많은 이의

수고로 만들어진 식사를 거르지 마시오. 생각도 몸이 가진 힘이 있어야
할 수 있는 것이니까."

　용왕이 떠난 후 거울 속의 아버지 모습이 사라지고, 물개가 눈치를
보며 방을 나가자 심청은 눈물을 멈추고 무언가로 세게 맞은 듯 멍해졌
던 정신을 조금씩 차리기 시작했다. 자신이 밤새 아픈 기억으로 몸부림
할 때 그나마 조금의 위안은 아버지를 위한 일이었다는 것이었는데, 그
것이 잘못된 일이라니. 아니 어쩌면 아버지에게 더 큰 고통을 주는 일이
었다니. 악몽에 파묻혀 잊고 있었던 아버지에 대한 새삼스러운 기억. 뱃
사람들을 따라나설 때 붙잡던 아버지의 간절한 손길. 그때는 몰랐던,
아니 알면서도 자기 생각에 빠져 외면하고자 한 잘못이 무엇인지 심청
은 희미하게나마 느낄 수 있었다. 자신의 밤을 괴롭히던 기억들이 문득
의미 없이 사라졌다.
　심청은 생각을 가다듬었다. 세상엔 참으로 많은 생각이 있구나. 그리

고 아주 귀한 것들도 많이 있구나. 그중에 제일은 목숨이겠구나. 다행히 하늘의 뜻으로 나는 그 귀한 목숨을 다시 얻게 되었으니, 이 목숨으로 귀한 일을 해야 한다. 하늘의 뜻을 받들어 사람을 돕고 생명을 살리는 일. 뭍으로 돌아가기까지 그 준비를 해야 한다.

생각을 마치자 비로소 음식 냄새가 들어왔다. 뭍에서 두, 세끼를 거를 때보다 더 큰 허기가 몰려왔다. 심청은 방 한쪽에 차려진 음식으로 다가가 수저를 들어 향내 나는 음식을 크게 한 입 먹었다. 그리고 천천히 접시들을 비워나갔다. 심청은 우느라 퉁퉁 부은 얼굴을 깨끗이 씻고 단정히 머리를 빗은 후 거울 앞에서 살짝 웃었다. 심청은 옷장 안에 마련된 수많은 옷 중 제일 가볍고 부드러운 옷으로 갈아입고 침대에 들어 생애 처음으로 길고 긴 단잠에 빠졌다.

가장 중요한 인권은 무엇일까?

인권 이전에 생명이다

우리가 인권에 대해 이야기할 때 가장 기본적으로 생각해야 하는 것은 무엇일까요? 그건 바로 생명이 아닐까 합니다. 인권의 특징이 보편성·천부성·불가침성·항구성에 있다고 할 때 '인권'이라는 말 자리에 대신 '생명'이라는 말을 넣어도 그 특징은 똑같이 유지됩니다. 우리의 생명도 보편성·천부성·불가침성·항구성이라는 특징을 지니고 있다는 것이죠. 현대사회에서 강조되는 인권인 주거권·안전권·환경권·문화권 등도 모두 생명을 만들고 유지하고 발전시킬 때만 그 의미가 있을 것입니다. 그래서 우리는 인권을 이야기하기 전에 생명을 먼저 이야기해야 하는 것입니다.

가장 비싼 비용은 생명이다

2011년 펜실베니아 지역신문 『모닝콜』에서 "창고에 에어컨 설치하는 비용보다 앰뷸런스를 이용하는 비용이 더 싸다는 것을 판단한 경영진이 에어컨을 설치하지 않았다. 여름에 직원이 쓰러질 때마다 앰뷸런스로 병원에 실어 보냈고, 대체인력을 투입하기 위해 창고 밖에서 구급차와 일정 대체인력을 대기시켰다"는 아마존 물류센터 노동현장 고발이 있었고 노동자들의 시위가 있었다. 그러자 2012년 아마존의 최고 경영자 제프 베이조스는 약 590억 원을 들여 아마존 물류창고에 에어컨을 설치하기로 했다. 물류센터에 에어컨 설치가 불가능한 것이 아니라, 비용이 문제였다.[1]

10년도 더 된, 그것도 멀리 미국에서 일어난 일이니, 현재 우리나라와는 상관없는 뉴스일까요? 우리나라에서 가장 큰 물류 기업인 쿠팡의 물류센터 내부 온도는 36도가 넘고, 온열질환을 호소하며 쓰러지는 노동자가 여름이면 속출한다는 것은 이미 익숙한 이야기입니다. 차라리 더워서 쓰러지는 일은 아무것도 아니라고 해야 할까요? 2024년 우리나라 산업 현장에서 사망한 노동자 수는 589명입니다. 이는 다른 선진국들에 비해 높은 수치입니다. 매일 1.6명의 노동자가 목숨을 잃고 있는 것입니다. 노동자의 인권인 주거권·안전권·환경권·문화권이 침해되고 있다

---

[1] 매일노동뉴스(http://www.labortoday.co.kr) 2023.06.28.
　https://www.labortoday.co.kr/news/articleView.html?idxno=215884

고 말하기 전에 생명권이 위협받고 있는 현실을 이야기해야 하는 상황이 참으로 슬픕니다.

심청에게 각성을

효도의 상징, 우리의 심청이는 참으로 어여쁜 마음으로 궁핍하고 눈먼 아버지를 위해 스스로 목숨을 공양미 300석이라는 비용과 바꿉니다. 하지만 이제 우리는 더는 심청이를 찬양할 수 없습니다. 심청이 떠난 후에 겪는 아비 심학규의 고통은 말할 것도 없거니와 어린 심청이 건강하고 안전하게 자랄 수 있도록 도움을 주었던 무릉촌 장승상 부인, 뒷마을 귀덕어미의 노력도 모두 물거품이 되었으니까요. 무엇보다 심청의 생명은 공양미 300석과는 비교도 할 수 없을 만큼 귀한 것이니까요.

하지만 우리는 심청에게만 잘못이 있다고 말할 수는 없습니다. 인당수에 뛰어들던 심청의 나이는 15살이었습니다. 몹시 가난한 집안에 당장 목돈이 필요한 상황이었습니다. 이를 파고든 건 장사를 통해 수만금 이익을 얻으려던 어른 상인들이었습니다.

'남경 장사 뱃사람들이 열다섯 살 난 처녀를 사려 한다.'

하기에, 심청이 그 말을 반겨 듣고 귀덕어미를 사이에 넣어 사람 사려하는 까닭을 물으니,

"우리는 남경 뱃사람으로 인당수를 지나갈 제 제물로 제사하면 가없는 너른 바다를 무사히 건너고 수만금 이익을 내기로, 몸을 팔려 하는

처녀가 있으면 값을 아끼지 않고 주겠습니다."

하기에 심청이 반겨 듣고,

"나는 이 동네 사람인데, 우리 아버지가 앞을 못 보셔서 '공양미 3백 석을 지성으로 불공하면 눈을 떠 보리라.' 하기로, 집안 형편이 어려워 장만할 길이 전혀 없어 내 몸을 팔려 하니 나를 사 가는 것이 어떠하실런지요?"

뱃사람들이 이 말을 듣고,

"효성이 지극하나 가련하군요."

하며 허락하고, 즉시 쌀 3백 석을 몽운사로 날라다주고,

"오는 3월 보름날에 배가 떠나기로 되어 있습니다."

하고 가니,

뱃사람들에게 공양미 300석은, 아니 심청의 목숨은 비용이었습니다. 그것도 과히 비싼 것은 아니었나봅니다. 그러니 심청의 마음이 변하기 전에 쌀을 '즉시' 절로 가져다준 것이겠지요.

목숨이 비용이 되면, 생명이 자본이 되면 인권은 설 자리가 없게 됩니다. 그래서 아비 심학규는 상인들을 향해서 이렇게 절규했나 봅니다.

네 이놈 상놈들아! 장사도 좋지마는 사람 사다 제사하는 데 어디서 보았느냐? 하느님의 어지심과 귀신의 밝은 마음 앙화가 없겠느냐? 눈 먼 놈의 무남독녀 철모르는 어린아이 나 모르게 유인하여 값을 주고 산단 말이냐? 돈도 싫고 쌀도 싫다, 네 이놈 상놈들아.

여보시오 동네 사람, 저런 놈들을 그저 두고 보오?

사람을 돈으로 생각하는, 생명을 자원으로 생각하는 사회에서 눈먼 아비 심학규의 절규는 끝나지 않을 겁니다. 인권과 생명이 숫자로 거래되는 사회를 막기 위해서라도 심청의 이웃인 우리들은 그저 두고 보는 일을 멈추고 당장 나서야 하지 않을까요? 동네 사람의 인권을 지켜야 내 생명도 더불어 지켜질 테니까요.

인간의 존엄을
지키는 가장 큰 약속

인권, 헌법, 그리고 우리가 해야 할 일

어떤 뉴스는 보고 나면 마음이 오래 무겁습니다. 예를 들어, 이태원 참사를 떠올려보세요. 정부는 사망자 통계를 159명으로 발표했습니다.

그러나 이 숫자는 단순히 '사건의 규모'를 의미하는 것이 아닙니다. 159개의 삶과 159개의 가족이 한순간에 무너졌다는 뜻이기도 합니다. 그래서 우리는 묻게 됩니다.

"이 일은 단지 불운이었을까?"

"국가와 사회는 어디까지 책임져야 할까?"

이 질문은 감정의 문제가 아니라 인권의 문제입니다. 왜냐하면 인권은 '착한 사람이 베푸는 배려'가 아니라, 사람이 사람답게 살아가기 위해 반드시 보장되어야 할 기준이기 때문입니다.

인권은 '좋은 말'이 아니라 '넘어서는 안 되는 선'입니다

인권은 흔히 '모든 사람은 존엄하다'라는 말로 시작합니다. 하지만 존엄은 말만으로 지켜지지 않습니다. 존엄은 법과 제도, 그리고 사람들의 태도가 함께 만들 때 현실이 됩니다.

우리는 인권을 이야기할 때 거창한 담론을 먼저 떠올리지만, 사실 인권은 매우 구체적인 것입니다.

누군가의 사생활이 동의 없이 공개될 때, 누군가가 차별로 인해 기회를 잃을 때, 누군가가 안전하지 않은 일터에서 목숨을 잃을 때, 아무도 나를 지켜주지 않는 재난 속에 있을 때, 그 순간 인권의 선은 무너지고 있는 것입니다.

인권이 자주 흔들리는 이유도 분명합니다.

권력은 '질서'와 '안전'을 말하며 공동체의 다수를 앞세워 소수의 인권을 무시하고, 다수는 '우리에게 불편하니까'라는 이유로 소수의 삶을 밀어내기 때문입니다. 그래서 인권은 언제나 '좋은 마음'이 아니라 강한 장치를 필요로 합니다. 그 장치가 바로 헌법입니다.

헌법은 '국가를 위한 문서'가 아니라 '시민을 위한 울타리'입니다

헌법은 수많은 법 중 하나가 아닙니다. 헌법은 '국가가 무엇을 해도 되는가?' 보다, 국가가 절대로 넘어서서는 안 되는 선을 명확히 정해둔 약속입니다. 그래서 헌법은 시민에게 이렇게 말합니다.

"당신의 권리는, 상황이 불리해져도 쉽게 포기되지 않는다."

"다수의 분위기가 바뀌어도, 권리는 함부로 지워지지 않는다."

이 약속이 가장 빛나는 순간은 권력이 커졌을 때입니다. 왜냐하면 인권 침해는 대부분 '누군가가 나빠서'가 아니라 '권력이 너무 커져서' 일어나기 때문입니다.

편리함이 커질수록, 인권은 더 세밀하게 보호되어야 합니다

요즘 인권 문제는 과거처럼 눈에 보이는 폭력에만 머물지 않고, 데이터와 기술의 영역에서 더 자주, 더 조용히 일어납니다. 개인정보보호위원회와 한국인터넷진흥원(KISA)의 2024년 분석에 따르면, 개인정보 유출 신고는 307건이었고, 그중 해킹이 56%(171건)로 가장 큰 비중을 차지했습니다. 또 한국인터넷진흥원은 2023년 1,277건이었던 사이버 침해사고 신고가 2024년 1,887건으로 약 48% 증가했다고 밝혔습니다.

여기서 중요한 것은 사고가 늘었다는 사실 자체가 아닙니다. 우리의 일상이 이미 온라인 기록, 위치 정보, 계정과 사진으로 구성되어 있다는 사실입니다.

내 휴대폰, 내 계정, 내 얼굴 사진은 단순한 물건이나 정보가 아니라 내 삶의 일부입니다. 그래서 개인정보는 편리함의 문제가 아니라 인권의 문제입니다. 이것은 사생활을 지킬 권리이자, 내 정보가 어떻게 쓰일지 내가 스스로 결정할 권리(정보 자기결정권)의 문제이기도 합니다. 기술이 발달할수록, 우리가 던져야 할 질문도 더 정교해져야 합니다.

'범죄 예방을 위해서'라는 말이 어디까지 정당한가?

동의 없는 수집과 감시는 언제부터 침해가 되는가?

편리함을 위해 누군가의 삶이 끊임없이 기록되고 축적되는 사회는 괜찮은가?

이때 헌법은 단순히 '기술을 막자'가 아니라, 기술이 인간을 압도하지 않도록 기준을 세우자고 말합니다.

인권은 '가장 약한 사람의 자리'에서 가장 또렷해집니다

인권은 결국 '누가 더 힘이 약한가'라는 현실과 맞닿아 있습니다. 그래서 인권을 이해하려면 사회의 가장 약한 지점에서 사건과 통계를 바라봐야 합니다.

안전할 권리: 일터에서 목숨을 잃지 않을 권리

고용노동부 발표에 따르면 2024년 재해조사 대상 사고 사망자는 589명(553건)이었습니다. 이 숫자는 산업 현장의 통계가 아니라, 출근했다가 돌아오지 못한 사람들의 수입니다.

일할 권리는 단순히 '일자리가 있다'가 아니라, 안전하게 일할 권리까지 포함합니다. 이것이 사회권의 핵심입니다.

차별받지 않을 권리: 기회가 '조건'이 되지 않게 하는 권리

2025년 통계청 근로형태별 부가조사에 따르면, 비정규직 근로자는 856만 8천 명, 임금근로자 중 비중은 38.2%입니다. 비정규직 비중이 높다는 것은 같은 노동을 해도 고용 안정, 임금, 복지에서 차이가 발생하기 쉽다는 뜻입니다.

평등권은 단지 '차별하지 마라'가 아니라, 사회가 특정 집단을 구조적으로 불리하게 만들지 않도록, 제도와 정책을 계속 점검하라는 요구입니다.

함께 살 권리: 최소한의 생활이 무너지지 않게 하는 권리

국가통계포털(지표누리)에 따르면, 우리나라의 상대적 빈곤율은 2024년 기준 15.3%입니다. 빈곤은 돈만의 문제가 아니라, 교육·건강·문화·관계의 기회가 줄어드는 문제이기도 합니다. 그래서 헌법의 사회권은 빈곤과 불안정한 삶을 개인의 실패로만 보지 않고, 국가와 사회가 공동으로 책임져야 할 문제로 규정합니다.

디지털 시대의 인권: 새로운 폭력의 형태

디지털 성범죄 피해자 지원 통계를 보면, 2020년 지원센터가 지원한 피해자는 4,973명이었고, 그중 10대(24.2%)와 20대(21.2%)가 큰 비중을 차지했습니다. 이 통계가 말해주는 것은 분명합니다. 디지털 공간은 가볍고 빠르게 소통하는 공간이기도 하지만, 어떤 사람에게는 일상과 관계, 미래까지 무너뜨릴 수 있는 폭력의 현장이 될 수 있다는 것입니다.

그래서 오늘날 인권의 과제는 오프라인에만 머물지 않고, 온라인 공간에서도 인간의 존엄이 어떻게 침해되고, 또 어떻게 보호받아야 하는지까지 함께 고민하는 방향으로 확장되고 있습니다.

인권은 때로 '정치'로 보이지만, 사실은 '삶'입니다

인권과 헌법을 이야기하면 누군가는 "정치 이야기 아니냐"고 말합니다. 그러나 인권은 특정 정당의 구호가 아니라, 모든 사람이 인간답게 살아가기 위해 반드시 보장되어야 할 최소한의 조건입니다.

그럼에도 불구하고 인권이 흔들릴 때가 있습니다. 예를 들어, 서울특별시 학생인권조례 폐지안이 2024년 서울시의회에서 재석 의원 60명 전원 찬성으로 가결되었다는 사실은 '학생의 권리는 어디까지 보장되어야 하는가'라는 질문을 던지게 합니다.

이 문제에서 중요한 것은 '찬반'이 아닙니다. 학생도 존엄과 권리를 지닌 인권의 주체라는 사실을 사회가 어떤 방식으로 확인하고, 존중할 것인가입니다.

인권은 한 번에 완성되지 않습니다. 사회가 변할수록 인권은 매번 새로운 질문을 던집니다.

학교에서의 권리와 교육권은 어떻게 균형을 이루어야 하는가?

온라인에서의 자유와 안전은 어디까지 보호되어야 하는가?

차별을 줄이기 위해 국가가 어디까지 개입해야 하는가?

이 질문에 답을 찾아가는 과정이 민주주의이며, 그 판단의 기준이 바로 헌법입니다.

민주 시민의 역할: 질문하는 사람이 되어야 합니다

민주주의는 단지 투표로만 이루어지지 않습니다. 민주주의는 질문하는 시민이 있을 때 유지됩니다.

중앙선거관리위원회 분석을 인용한 보도에 따르면, 2024년 총선에서 20대 투표율은 52.4%, 18세 56.8%, 19세 57.7%로 집계되었습니다.

이 수치를 두고 청소년과 청년의 참여를 단순히 '관심 부족'으로만 해석할 수는 없습니다. 오히려 이렇게 물어야 합니다.

청소년과 청년이 정치와 사회를 '내 삶을 바꾸는 것'이라고 느낄 수 있는 통로가 충분한가?

학교와 지역사회에서 시민 교육은 실제로 살아 있는가?

참여가 조롱받거나 무시되는 분위기는 없는가?

민주 시민의 역할은 거창한 것이 아닙니다. 오히려 가장 작은 자리에서 시작됩니다.

예를 들어 뉴스를 볼 때 이렇게 질문해보는 건 어떨까요?

"이 사건은 누구의 어떤 기본권과 관련이 있을까?"

"정부나 기관이 기본권을 제한했다면, 그 제한은 적절했을까?"

"내가 사건 속의 당사자라면 어떤 판단을 내릴까?"

인권은 완성된 답이 아닙니다

기술이 바뀌고, 노동이 바뀌고, 가족과 공동체의 형태가 바뀌는 동안 인권은 끊임없이 새로운 질문을 만들어냅니다.

그러나 어떤 시대에도 변하지 않는 기준이 있습니다. 사람은 존엄하며, 그 존엄은 누구의 편의 때문에 쉽게 훼손되어서는 안 된다는 것입니다. 이 기준을 사회가 함께 지키자고 합의한 문서가 헌법입니다. 그리고 그 헌법을 살아 있게 만드는 존재는 결국 시민입니다.

인권은 누군가의 선의로 지켜지는 것이 아닙니다.

인권은 질문하는 시민, 기록을 읽는 시민, 약한 사람의 자리에서 생각해보는 시민이 있을 때 지켜집니다.

"나는 어떤 시민이 될 것인가?"

"누군가의 존엄이 흔들릴 때, 나는 그 선을 다시 그어줄 수 있는가?"

이런 질문을 멈추지 않는 사회가 헌법이 꿈꾸는 인권 사회입니다.

인권 보장을 위한
헌법의 역할과
헌법재판소의 판례

헌법은 국가의 최고법으로서 국민의 기본권을 보장하는 중요한 역할을 수행합니다. 대한민국 헌법재판소는 여러 사건을 다루면서 국민의 인권을 보호하고, 국가권력의 남용을 견제하며, 사회적 약자를 배려하는 등 헌법이 지향하는 가치와 원칙을 구체화하는 데 기여해왔습니다. 다음에서는 헌법재판소의 주요 판례를 통해, 인권 보장을 위해 헌법이 어떤 역할을 하는지 살펴보겠습니다.

〈자료1〉 개인의 자기결정권 및 자유 보호: 낙태죄 사건

헌법 제10조 제1문은 인간의 존엄성과 가치를 보장하며, 여기에서 개인의 자기결정권이 파생됩니다. 자기결정권이란, 사람이 자신의 삶의 방식과 중요한 선택에 대해 스스로 결정할 수 있는 권리입니다. 여기에는 임신한 여성이 자신의 몸을 임신 상태로 유지해 출산할지, 그렇지 않을지 결정할 권리도 포함됩니다.

'낙태죄 사건'(헌재 2019. 4. 11. 2017헌바127)에서 헌법재판소는 형법 제269조 제1항(자기낙태죄) 및 제270조 제1항 중 '의사'에 관한 부분(의사낙태죄)이 임신한 여성의 자기결정권을 침해하여 헌법에 합치되지 않는다고 결정했습니다. 헌법재판소는 태아가 모체와는 구별되는 생명체이며, 인간으로 성장할 가능성이 크기 때문에 헌법상 생명권의 주체가 될 수 있고, 국가는 태아의 생명을 보호할 의무가 있다고 보았습니다. 따라서 태아의 생명을 보호하려는 낙태죄 조항의 목적 자체는 정당하다고 인정했습니다.

그러나 모자보건법이 정한 예외적인 경우를 제외하면, 임신 기간 전체에서 낙태를 전면적으로 금지하고 형사처벌하는 것은 임신한 여성에게 임신 유지와 출산을 강요하는 결과를 낳습니다. 헌법재판소는 이것이 여성의 자기결정권을 지나치게 제한한다고 보고, 과잉금지원칙 중 침해의 최소성과 법익의 균형성 원칙을 충족하지 못했다고 판단했습니다.

임신·출산·육아는 여성의 인생 전체에 매우 큰 영향을 미치기 때문에, 임신을 유지할지 중단할지에 대한 결정은 충분한 시간과 정보를 바탕으로 이루어져야 합니다. 헌법재판소는 태아가 모체 밖에서 독자적으로 생존할 수 있는 시점(대략 임신 22주 내외)

에 이르기 전, 그리고 여성이 자기결정권을 행사할 수 있는 충분한 시간이 보장되는 시기까지의 낙태에 대해서는 국가가 태아 생명 보호 방법과 규제 수준을 달리 정할 수 있다고 보았습니다.

또한 모자보건법의 예외 사유에는 학업이나 직장, 소득 부족, 자녀 양육 여건, 상대 남성과의 관계 등 다양한 사회·경제적 사유가 거의 포함되지 않는다는 점도 문제로 지적했습니다. 이런 상황에서까지 임신을 유지하고 출산하도록 강제하고, 형사처벌까지 하는 것은 '필요한 최소한의 제한'을 넘어선다고 본 것입니다.

결국 헌법재판소는 낙태죄 조항이 태아의 생명 보호라는 공익만을 일방적으로 우선시하여, 여성의 자기결정권과의 실제적인 조화와 균형을 이루지 못했다고 보았습니다. 그 결과, 과잉금지원칙에 위반되어 위헌·헌법불합치라는 결론을 내렸고, 이는 헌법이 개인의 신체와 삶에 대한 스스로의 결정을 중시하며, 국가가 공익을 내세우더라도 기본권 침해를 최소한으로 줄여야 한다는 점을 분명히 보여줍니다.

〈자료2〉 평등권 보장 및 차별 금지: 제대군인가산점제 사건

헌법은 모든 국민이 법 앞에 평등하며, 성별·신분 등으로 차별받지 않을 권리를 보장합니다. '제대군인가산점제 사건'(헌재 1999. 12. 23. 98헌마363)에서 헌법재판소는 제대군인 지원에 관

한 법률 제8조 제1항·제3항과 그 시행령 제9조가 헌법에 위반된다고 판단했습니다.

당시 가산점 제도는 군 복무를 마친 사람에게 공무원 시험에서 3% 또는 5%의 점수를 더해 주는 제도였습니다. 이 제도는 제대군인과 그렇지 않은 사람을 나누어, 대다수 여성, 군 복무를 할 수 없는 장애인, 보충역으로 복무한 남성 등에게 불리하게 작용했습니다. 헌법 제32조 제4항은 '여자의 근로는 특별한 보호를 받으며, 고용·임금 및 근로조건에서 부당한 차별을 받지 않는다'고 규정하여, 일과 고용 영역에서 남녀평등을 특히 강조합니다.

헌법재판소는 가산점 제도가 바로 이 고용·채용 영역에서 남성과 여성을 다르게 취급하는 제도이며, 헌법 제25조에서 보장하는 공무담임권(공무원이 될 기회)을 크게 제한하므로 엄격한 심사척도가 적용되어야 한다고 보았습니다. 평등권 심사에서 '엄격한 심사'가 적용되는 이유는, 헌법이 특별히 평등을 요구하는 영역이거나, 중요한 기본권(공무담임권 등)에 큰 영향을 주는 경우에는 입법자의 재량 범위를 좁게 보고 더 엄격하게 따져야 하기 때문입니다.

실제 시험 현장에서는 7급·9급 국가공무원 시험의 경쟁률이 매우 높고, 합격선도 촘촘해서 0.몇 점 차이로 합격 여부가 갈리는 일이 많습니다. 이런 상황에서 3%·5%의 가산점은 사실상 합격을 거의 '보장'하는 수준의 효과를 가져올 수 있고, 가산점을 받지 못하는 사람은 만점을 받아도 떨어질 가능성이 생깁니다. 헌법재판소는 이처럼 가산점 제도가 만들어내는 불평등의 정도가 지나치게 커서, 제대군인을 지원한다는 입법 목적에 비해 비례성을 잃었다고 보았습니다.

또한 공직을 수행하는 능력과 남녀의 생물학적 차이는 직접적인 관련이 없고, 군 복무를 할 수 없는 장애 여부 등도 공무수행 능력과 곧바로 연결된다고 보기 어렵습니다. 그럼에도 이러한 기준을 이유로 공무원 시험에서 기회를 제한하는 것은 평등권과 공무담임권을 과도하게 침해하는 것이라고 판단했습니다. 이 판례는 헌법이 평등권을 통해 채용 기회의 균등을 보장하며, 어떤 집단을 우대하는 제도라 하더라도 다른 집단의 기본권을 심하게 침해해서는 안 된다는 원칙을 확립했습니다.

1. 〈자료1〉에서 헌법재판소는 임신한 여성의 자기결정권과 태아의 생명권을 모두 중요하다고 보았습니다. 이 두 권리를 어떻게 함께 존중하려 했는지, 특히 과잉금지원칙 가운데 '침해의 최소성'과 '법익의 균형성' 원칙을 기준으로 헌법재판소의 생각을 자세히 정리해 보세요.

2. 〈자료2〉에서 헌법재판소는 제대군인가산점제를 판단할 때 '엄격한 심사척도'를 적용했습니다. 왜 이 사건에 엄격한 심사척도가 필요하다고 보았는지 그 이유를 설명하고, 가산점제가 평등권과 공무담임권을 어떻게 침해한다고 판단했는지 비례성 원칙의 관점에서 구체적으로 써 보세요.

3. 위에서 살펴본 두 판례를 함께 고려해 볼 때, 우리나라 헌법재판소가 국민의 인권을 지키고 헌법을 보호하는 기관으로서 어떤 의미를 가지는지 정리해 보세요. 또 앞으로 헌법재판소가 인권 보장을 위해 어떤 사회적·헌법적 문제들을 더 고민하고 해결해 나가야 한다고 생각하는지, 자신의 의견을 자유롭게 써 봅시다.

사회정의와 불평등

정의란 무엇인가?

사회정의와 불평등

1. 정의의 의미와 실질적 기준
❶ 정의의 의미와 필요성　❷ 정의의 실질적 기준

2. 다양한 정의관의 특징과 적용
❶ 자유주의적 정의관과 공동체주의적 정의관　❷ 사익과 공익의 조화

3. 다양한 불평등과 해결 방안
❶ 다양한 불평등 현상　❷ 정의로운 사회를 위한 실천 방안

정의는 사회적 대우나 보상, 처벌 등에서 각자가 마땅히 받아야 할 자기 몫을 공정하게 받는 것을 의미합니다. 정의는 사회 구성원 간의 이해관계 충돌과 갈등을 합리적으로 조정하여 공동체의 조화를 이루는 데 꼭 필요한 토대이며, 모든 사람이 존엄한 인간다운 삶을 누릴 수 있도록

돕는 핵심 가치입니다.

정의를 판단하는 기준은 시대와 사회적 배경에 따라 달라져왔습니다. 고대 그리스의 플라톤은 각 계층이 자신의 역할을 다하며 조화를 이루는 상태를 정의라고 보았고, 근대 공리주의자 벤담은 '최대 다수의 최대 행복'을 정의의 기준으로 제시했습니다. 이렇게 여러 사상가는 각자 살아가던 시대의 사회 문제를 해결하기 위해 저마다의 정의론을 정립해왔습니다.

정의는 크게 분배적 정의와 교정적 정의로 나눌 수 있습니다.

분배적 정의는 사회적 자원과 기회를 어떤 기준에 따라 공정하게 나눌 것인가의 문제입니다. 이때 주로 사용되는 기준에는 능력, 업적, 필요가 있습니다. 능력에 따른 분배는 개인의 잠재력이나 재능을 기준으로 삼아 효율성을 높이고 성취 동기를 자극할 수 있다는 장점이 있습니다. 하지만 가정환경이나 타고난 재능처럼 우연한 요소가 결과에 큰 영향을 미칠 수 있다는 한계도 있습니다. 업적에 따른 분배는 개인이 이룬 성과나 기여도를 기준으로 하기 때문에 비교적 객관적인 평가가 가능하지만, 지나친 경쟁을 유발하고 사회적 약자를 충분히 배려하지 못할 수 있습니다. 필요에 따른 분배는 사회적 약자의 인간다운 삶을 보장하는 데 도움이 되지만, 한정된 자원을 어떤 기준으로 나눌지 정하기 어렵고 생산 의욕이 줄어들 수 있다는 점이 문제로 지적됩니다.

교정적 정의는 잘못된 행동이나 불공정한 결과에 대해 어떻게 공정하게 바로잡을 것인가에 관한 것입니다. 여기에는 '지은 죄만큼 대가를 치르게 한다'는 응보의 관점과, 처벌을 통해 재범과 범죄를 줄이려는 예방의 관점이 함께 포함됩니다.

정의를 실제로 어떻게 실현할 것인가를 두고, 자유주의와 공동체주의는 서로 다른 관점을 제시합니다.

자유주의는 개인의 자유와 권리 보호를 가장 중요한 가치로 보고, 국가나 공동체가 특정한 삶의 방식이나 가치를 강요하기보다 개인의 자율적인 선택을 최대한 존중해야 한다고 주장합니다. 따라서 사람마다 자신의 잠재력을 자유롭게 발휘할 수 있는 환경을 만드는 것이 정의롭다고 봅니다.

반면 공동체주의는 개인이 공동체와의 관계 속에서 정체성을 형성한다는 점을 강조합니다. 공동체의 전통과 가치를 이어가고, 공동선을 실현하는 것이 정의의 핵심이라고 보고, 개인에게는 공동체에 대한 소속감과 책임을 다할 의무가 있다고 봅니다.

같은 사회 문제라도 어떠한 정의관을 적용하느냐에 따라 해결 방향과 평가가 달라질 수 있습니다. 그래서 현대사회의 갈등을 합리적으로 해결하기 위해서는 개인의 자유와 공동체의 가치를 균형 있게 고려하는 태도가 필요합니다.

현대사회에서는 구조적인 요인 때문에 여러 형태의 불평등이 나타나고, 이것이 정의 실현을 어렵게 만들고 있습니다. 대표적으로는 계층 간 양극화, 사회적 약자에 대한 차별, 지역 간 격차 같은 문제들이 있습니다. 자산과 소득의 격차가 커지면 단순한 경제적 불평등을 넘어, 계층 간 이동이 어려워지고 사회구조가 굳어져 사회 통합을 방해하게 됩니다. 장애인, 이주 노동자, 소수자 등에 대한 편견과 차별은 개인이 누려야 할 기본권을 침해하고, 자신의 가능성을 펼칠 기회까지 가로막습니다. 수도권과 지방 사이의 격차는 단순한 거리의 문제가 아니라 교육·의료·문화 등 생활 전반의 질에서 불평등을 만들어내고, 국토의 균형 발전과 사회정의 실현을 더 어렵게 만듭니다.

정의로운 사회를 만들기 위해서는 튼튼한 제도와 적극적인 시민 참여가 함께 필요합니다. 먼저 국가는 사회보장제도를 통해 사람들을 다양한 사회적 위험에서 보호합니다. 예를 들어, 사회보험은 여러 사람이 함께 보험료를 내고 질병·실업·노령 등 위험에 대비하도록 돕고, 공공부조는 저소득층의 최소한의 생활을 국가가 책임지는 제도입니다. 사회서비스는 돌봄, 상담, 교육, 고용 지원 등 비금전적인 지원을 제공함으로써 사람들의 삶의 질을 높이는 역할을 합니다.

또한 실질적인 평등을 이루기 위해, 과거의 차별을 줄이는 적극적 우대 조치나 지역 격차를 완화하기 위한 정책과 같이 구조적 불평등을 줄이려는 노력이 필요합니다. 나아가 시민들도 사회문제에 꾸준히 관심을 가지고, 정책 제안, 청원, 시민단체 활동, 공론장 참여 등 다양한 방식을 통해 목소리를 내야 합니다.

이처럼 정의로운 사회는 공정한 분배와 올바른 교정, 개인의 자유와 공동선의 조화, 불평등을 줄이기 위한 제도적 노력, 그리고 시민의 능동적인 참여가 함께 어우러질 때 비로소 가까워질 수 있습니다.

❷툰

정의로운 피자 나누기

1
체육대회 농구 우승상품으로 우리 반에 피자 5판! 조금 부족한 것 같지만 사이좋게 나눠 먹어요!

2
선생님! 힘들게 경기를 뛴 건 선수들이니 저희가 더 먹어도 돼요?

무슨 소리!
우린 응원 도구
만들고 땡볕에서
응원했다고!
우리 응원단이
더 고생했어!

우리가 더 고생했으니
우리가 더 많이 먹어야 해!
내 말이 틀려 반장?

…아하하하!
너희도 많이 고생했지만
학생회 친구들도
할 말이 있는 것
같은데…?

우리 학생회는
체육대회를 기획했고,
여러 시합을 관리하느라
점심도 제대로 못 먹었어!
우리에게 양보해!

7
말도 안 돼!
우리 농구팀이 없었다면
애초에 우승도 못했고
피자도 없었다고!

8
열띤 응원이
없었다면 우승할 수
있었을까?
응원하는 사람 없이는
선수도 없는 거야!

9
선생님!
학생회는 체육대회
진행도 도와드렸잖아요!
저희 배고프니까 빨리
결론을 내려 주세요!
내가
더 먹을
거야!
절대
안 돼!

10
아휴~ 자기들이
더 먹을 자격 있다고
싸우느라 정작 피자가
다 식어 굳은 건
못 보고 있네…

백설 파주

두 여자아이의 이름은 공주와 파주였다. 특별한 의미는 없었다. 공주처럼 귀하게 자라기를 바라거나 파주만큼 큰 땅을 가지라는 것은 아니었다. 그냥 태어난 곳의 이름이었다. 둘은 법적으로는 자매였음에도 남동생과 주소를 빼고는 같은 게 없었다. 나이, 성격, 생김새, 낳아준 엄마가 달랐고, 낳게 한 아빠도 달랐다. 그렇게 같은 것이 별로 없었음에도 공주는 동생 파주와 단 하나도 같은 것이 없는, 완벽한 타인이기를 원했다.

파주는 예뻤다. 어디서나 눈에 띄었다. 아빠만큼 키가 컸고, 금발의 머리 위에 햇빛을 데리고 다니는 듯 얼굴이 늘 환하고 하얬다. 공부도 잘했다. 한번 듣거나 읽은 것을 잊는 법이 없었다. 특히 음악과 체육에 특출났다.

반면 공주는 모든 게 평범했다. 키도, 성적도, 성격도 늘 중간만큼이었다. 그러나 파주와 자매로 알려지는 순간, 예의 없게 놀라는 눈길 속에서 공주는 중간이 아니라 밑바닥으로 떨어지는 기분이었다. 그건 면역되지 않는 끔찍한 타격이었고, 그래서 어떻게든 그 비교의 괄호 속에 묶이고 싶지 않았다. 그러나 그 간절한 소망을 가로막고 있는 것은 아빠였고, 아빠는 둘을 가족의 이름으로 묶고 있는 수갑이었다.

아빠는 사는 일에 대체로 성의가 없었고, 다른 사람에 대한 눈치와 관심이 없었으며, 모든 음식을 깨작거리면서도 끼니를 거르는 건 싫어했다. 대문 밖을 나서는 일은 내내 안 씻다가 일주일에 한 번 읍내 공중목욕탕에 갈 때뿐이었고, 공주가 자라면서 나이테처럼 새겨져야 할 입학식, 발표회 등 소소한 행사에는 온갖 핑계로 참석하는 일이 없었다. 하루 대부분을 마당 구석 창고를 개조한 작업실에서 기타를 만들거나 치거나 들으면서 보냈고, 간간이 찾아와 기타를 가져가고 돈을 건네는 사람들과 말을 섞을 뿐이었다. 그런 남자를 결혼이라는 이름 속에서 참아줄 여자는 벌통 속의 여왕벌만큼 적었고, 당연히 공주를 낳아준 엄마도 참지 않았다.

"저 인간이 네 이름을 공주로 하자고 우길 때부터 알아봤어야 했는데. 그래도 네가 상주에서 태어나지 않은 게 어디니. 사람들이 너를 장례식장에서 태어난 애로 알았을 거 아냐. 하여튼 그러지 않았으면 좋겠지만 내가 필요한 일 있으면 외할머니한테 연락해."

공주가 초등학교에 입학하기도 전, 엄마는 아빠가 작업실에 갈 때 슬

리퍼를 신을지, 샌들을 신을지 고민하는 것만큼 고민한 후에 이혼했고, 간단한 짐을 꾸려 말 많고 돈 많고 나이 많은 남자의 집으로 갔다. 그 집은 공주까지 받아주지는 않았다. 아빠는 공주의 초등학교 시절은 어찌어찌 버텼으나 이제 막 중학생이 되려는 공주를 맡는 일은 더는 감당할 수 없다는 듯 새로운 여자를 데려왔고, 그 여자가 백인 군인과 낳은 푸른 눈의 여자아이를 자신의 자식으로, 공주의 동생으로 호적에 올렸다.

"얘는 이름이 뭐라고?"
"엠마요."
"엠마? 어디서 태어났는데?"
"경기도 파주요."
"아하."

금발에 푸른 눈을 가진 엠마는 그렇게 파주가 되었다. 아이까지 데리고 새로 온 여자는 왠지 늘 주눅 들어 있었고, 아빠의 무기력한 일상에 아무 토를 달지 않았다. 파주는 나중에 자기가 캘리포니아나 오하이오에서 태어났어야 했다며 자기 이름을 투덜거렸지만 소용없는 일이었다. 아빠 인생의 몇 안 되는 성실 중 하나는 그렇게 남의 딸을 자기 자식으로 받아들이는 일에 쓰였다. 그렇다고 같이 살게 된 이후에 파주를 특별히 예뻐한 것도 아니었다. 나중에 엄마로 불렸으면 하는 눈치의 아줌마와의 사이에서 주책맞게 만든 아들 성주에 대해서도 아빠는 참 꾸준하며 일관성 있게 성의 없었다. 심지어 성주는 성주가 태어나지도 않은 동네였다.

"뭘 그렇게 열심히 하냐? 그냥 대충해."

이 말을 가장 싫어하면서 제일 충실하게 따른 건 공주였다. 공주는 집안에서 아빠와 가장 많이 닮았고, 특히 생긴 게 똑 닮아서 아들 취급을 당할 때도 많았다. 머리를 감을 때마다 짜증을 내면서도 굳이 긴 머리를 유지하는 건, 목 윗부분에서 아빠와의 차이점이 머리카락 말고는 없기 때문이었다.

공주는 모든 일에 그렇듯 대학에도 큰 관심이 없었고, 고등학교를 졸업한 후 읍내 마트에서 과자를 진열해 주거나 이장의 부탁으로 젊은 사람이 긴히 필요한 사소한 일을 처리해 주고 용돈을 받는 일을 하고 있었다. 공주에게 번듯한 대학이나 직장을 원하는 사람은 주위에 아무도 없었고, 공주도 그게 서운하거나 아쉽지 않았다.

하지만 파주는 달랐다. 학원 하나 없는 동네에서 파주는 인강만으로 꽤 좋은 성적을 유지했다. 파주는 자기 성적에 대해 겸손하지 않았고, 도시 애들은 매달 돈 백만 원은 들어가야 나오는 성적이라며 자기 엄마에게 학원비만큼의 옷과 화장품을 당당히 요구했다. 파주 엄마는 명령을 기다렸다는 듯 아빠를 시켜 성주를 어린이집에 맡기고, 새벽 버스를 타고 나가 여러 농장에서 일을 시작했다. 언제나 그렇듯 아빠는 파주 엄마의 이른 출근과 늦은 퇴근에 대해서 별 관심이 없었지만, 참으로 웃기게도 딸들과는 달리 어린 아들을 깨우고, 먹이고, 씻기고, 등원시키는 일에는 나름 성실했다.

파주 엄마가 자기 딸의 요구를 얼마만큼 채워주었는지는 모르겠지만, 파주의 훌륭한 성적을 주기적으로 상기해주려는 듯 일주일에 한 번씩 온갖 주소에서 택배가 날아왔고, 파주는 교복을 기본으로 그 위에 택배 속의 옷과 액세서리 등을 절묘하게 배치하여 아침마다 교복을 단속하는 학생부장의 눈길을 피하면서도 학교의 여신 자리를 공고히 했다.

그렇게 파주는 학교를 졸업했고, 서울의 비싼 사립대에 진학했다. 버스를 갈아타기는 하지만 어떻게든 통학은 가능했던 도(道)내의 국립대는 아예 거들떠보지도 않았고, 서울에 있는 국립대는 점수가 되지 않았다. 파주는 지방 학생이라는 자격이 되는데도 기숙사에 들어가지 않았고, 당당히 서울 강남의 원룸을 요구했다.

"이왕 서울 왔으니 난 강남에서 살 거야. 반지하라도 좋아."

이번에도 아빠는 모른 척했고, 파주의 엄마는 주말까지 일을 잡아 집을 비웠다. 파주 엄마는 원래도 말이 없는 사람이었지만, 쉬는 날이 거의 없어지면서 말수는 더욱 줄어들었다. 공주와 마주치면 조용히 웃어주던 모습도 더는 볼 수가 없었다. 그러다 두 달쯤 지나 공주를 깜짝 놀라게 한 일이 있었는데, 그건 그녀의 욕설이었다. 세탁기에 세제를 넣다가, 새벽에 낡은 신발에 발을 구겨 넣다가, 늦은 밤 식탁에 혼자 앉아 불어 터진 눌은밥을 훌훌 마시다 갑자기 신음처럼 "씨팔." 하고 내뱉었다. 그 소리는 속삭이듯 너무 작아서 공주도 처음에는 알아차리지 못했다. 공주는 그 욕이 꾸준하게 남의 편인 아빠와, 일정 거리 이상을 못 넘어오게 하는 자신과, 자랑보다 짐이 되어가는 파주와, 아직도 아기인 성주에 대한 욕으로 생각했다. 그러다 한 번은 핸드폰을 부서져라 세게 쥐고 문자를 들여다보면서 "이… 씨팔… 새끼들…" 하는 것을 본 이후엔, 밖에서 겪고 있는 일이 무언가 잘못되어 그녀를 허물어뜨리고 있다고 생각했다. 아빠한테 말을 해서라도 일 나가는 걸 말려야 하나, 잠깐 생각했지만, 평소 아빠를 생각하면 부질없는 일이었다. 공주는 한편 귀찮으면서도 눈과 귀를 곤두세우고 그녀를 지켜보기 시작했다.

성주가 다니는 유치원에서 1박으로 물놀이를 간다며 애를 데리고 가모처럼 한가하던 7월 초 저녁, 입학 이후 집에 한 번 오지 않던 파주가 갑자기 나타났다. 아빠는 파주보다 파주가 몰고 온 꽤 비싼 스포츠카에 더 놀랐고, 아줌마는 밤 11시가 다 돼서 돌아와 파주의 묘하게 달라진 얼굴과 화장과 걸친 옷에 놀랐다. 공주는 그 모든 것에 놀랐으면서도 놀라지 않은 척했다.

"방학이라 내려오긴 했는데, 내일 바로 올라가야 해. 내일모레 유럽 출발인데, 아마 개학 직전에나 돌아올 거야."

그동안의 파주는 자기 엄마나 성주에게만 짜증과 요구를 퍼부었고,

아빠나 공주 앞에서는 소리를 낮추는 편이었다. 그런데 이번에는 달랐다. 예전보다 높아진 게 확실한 코만큼 목소리가 높아졌고, 걸친 옷의 가격만큼 우아한 자세로 사람들을 깔보았다. '누가 지 유럽에 가는 걸 궁금해했어? 자랑이야 뭐야.' 공주가 한 소리 하려던 참에 파주가 덧붙였다.

"각자 필요한 거 있으면 말해."

"……"

"왜 다들 그런 눈으로 보는 거야? 나 원 참, 내가 무슨 몹쓸 짓이라도 하고 돈을 번 거 같아? 이 멤버들 모두 휴대폰부터 최신형으로 바꿔 드려야겠구먼. 유튜브에 쳐보세요. 백설 파주!"

공주는 알고 있었다. 모를 수 없었다. 다만 알 수 없는 화가 치밀어서, 그 화가 또 부끄러워서 식구들은 물론 그 누구에게도 파주의 성공을 말할 수 없었다. 얼굴 없는 가수. 이국적인 목소리에 완벽한 춤 선으로 혜성같이 등장해 구독자 수가 한 달 만에 백만을 넘었다는 요즘 최고의 핫 걸. 마스크로 얼굴을 가렸지만, 오랫동안 같은 방을 쓰던 공주는 단번에 그 목소리와 몸과 움직임을 알아볼 수 있었다. 사람들이 열광한 건 또 있었다. 백설 파주가 부르는 모든 노래는 한 번도 들어본 적이 없는 신곡들, 백설 파주의 말로는 모두 자작곡들이었다.

"꽤 큰 기획사랑 계약도 했어. 계약금도 꽤 크고. 그러니까 말씀들 하시라고. 뭐가 필요해?"

이 소리를 듣고 제일 좋아할 것 같았던 아빠는 오히려 말없이 찬찬히
파주의 얼굴을 보면서 알 수 없는 묘한 표정을 지었다.

"돈으로 줘. 꼭 필요한 데가 있어. 많으면 많을수록 더 좋아."

툭 튀어나온 건 파주 엄마였다. 웃지 않고 진지하게. 맡긴 걸 찾듯 당
당하게. 파주 엄마는 파주 주머니에 돈이 들어있다고 생각하는 건지 손
까지 내밀었다. 파주는 "이거 니들이 시킨 거야?" 하는 듯 아빠와 공주
를 쓱 훑더니 밖으로 아줌마를 데리고 나갔다.

"왜 그래? 뭔 일 있어? 저 아저씨랑 드디어 헤어지기라도 하려는 거
야? 그래서 따로 나가 방을 구하려고? 아님 서울 올라오려고? 서울 집
값이 얼만데. 그리고 미리 말해두지만, 난 엄마랑 같이 살 수는 없어."
"이혼은 아니야. 방을 구하는 건 맞아. 나 말고 방을 쓸 사람들이 있
어. 아니, 많아."
"엄마 말고? 사람들? 한 명도 아니고? 그 사람들이 도대체 누군데?"
"내가 농장에서 만나는 여자들. 한국말 못 하는 여자들. 일 끝나면
씻고, 먹고, 잘 공간이 필요한 사람들."
"아니, 그 사람들도 숙소가 있을 거 아냐? 그리고 내가 유튜브해서
돈 벌었다 하니까 쉽게 번 줄 알아? 내가 놀지 않고 쎄빠지게 알바해서

학원이며 미용실이며 병원이며 돈 들여서 여기까지 온 거라고.”

“무슨 말인지 알아. 하지만 그 모든 게 순전히 다 네 노력만으로 된 건 아니야. 네 서울 생활의 시작을 만들어 준 그 비싼 대학 등록금과 반지하 보증금은 그냥 만들어진 게 아니야. 네가 장난처럼 말하는 우리 멤버, 아니 여기 식구들이 조금씩 자기가 쓸 걸 줄여서 만든 것이기도 해. 그리고 무엇보다 네가 자랑하는 그 재능. 모든 사람들이 부러워하는 외모와 재능. 그건 네 노력으로 얻어진 게 아니잖아. 선물처럼 우연히 네게 주어진 거라고. 그래서 감사해야 하는 거고.”

“도대체 무슨 소리를 하는 거야? 왜 이래 엄마. 나 엄마 딸이야!”

“그냥 달라는 게 아니야. 빌려줘. 갚을게. 읍내 빌라 전세는 서울에 비하면 반의반 값도 되지 않아.”

“말도 안 돼. 왜 내가 힘들게 번 돈을 내가 알지도 못하는 사람들을 위해 써야 해. 엄마도 정신 차려. 그런 돈 있으면 차라리 내 아빠를 보러 미국 가는 데 쓰겠다.”

“넌 분명히 필요한 걸 말하라 했어. 그래서 말하잖아. 내가 지금 필요한 건 바로 안전한 방 한 칸이야.”

아줌마는 축 처진 어깨로 먼저 집에 들어왔다. 한참이나 뒤늦게 들어온 파주는 방에서 몇 가지 물건을 챙기더니 인사도 없이 차를 몰고 다시 가버렸다. 공주는 둘이 어떤 얘기를 나누었는지 알 수 없었지만, 분명 아줌마의 최근 욕설과 관련된 이야기라는 건 알 수 있었다.

놀라운 일은 며칠 후에 또 일어났다.

밤 12시쯤, 경찰서에서 아줌마를 데려가라는 전화가 왔다. 아빠는 밤 중에 낡은 스쿠터를 끌고 나가 새벽이 다 돼서야 아줌마를 태우고 돌아 왔다. 아줌마에게서 희미하게 술 냄새가 났고, 다쳤는지 손은 피가 배 어 나온 수건으로 감싸져 있었다.

"인부들 다 있는 회식 자리에서 사람을 치면 어떻게 해. 그것도 소주 병으로 말이야. 그 군 의원이라는 놈, 죽을 뻔했다고."

"죽기는 뭘 죽어요. 뱀처럼 슬금슬금 이 여자 저 여자 더듬는 그런 놈 손모가지 부러져도 안 죽어요. 어디 마땅히 갈 데 없는 여자들이라고 아무 때나 나타나서 함부로 대하는 그놈의 새끼, 다시는 손을 못 쓰게 병신을 만들었어야 했는데."

"당신한테 그런 것도 아닌데 뭘 그렇게까지 해."

"그걸 지금 말이라고 하는 거예요?"

"그 자식 손가락만 부러진 걸 다행으로 생각해. 그나저나 합의금은 어떻게 할 거야?"

공주는 자세히 듣지 않아도 모든 게 그려졌다. 그날부터 집안에서는 성주나 성주가 보는 만화영화 말고는 아무도 웃지 않았다. 손을 꿰매 일 을 못 나가게 된 아줌마는 종일 집에 있으면서 여기저기 전화로 돈 얘기 를 하고 있었다. 공주는 졸업하고 1년 넘게 이 일 저 일 하면서 모은 돈 이라도 좀 내놓을까 하다가, 하찮은 잔고가 부끄러워 말을 꺼내지 않았 고, 아빠는 작업실에서 뭘 하는지 거의 집 안에 들어오지 않았다.

그 일이 있고 나서 일주일쯤 지나, 아줌마가 정식으로 경찰 조사를 받으러 읍내에 다녀오던 날, 할 일 없어 유튜브를 보고 있던 공주는 파주의 채널에서 깜짝 놀랄 만한 이야기를 듣게 되었다.

"구독자 여러분, 제가 오늘은 여러분께 죄송한 말씀을 드리려고 합니다. 사실 그동안 제가 여러분에게 들려 드렸던 노래들은 제 자작곡이 아니었습니다. 그건 사실 너무나 사랑하는 제 아빠가 저를 위해 만들어 주신 것입니다. 아빠는 제 친아빠가 아니면서도 저를 온갖 사랑으로 키워주셨고, 제가 잘되길 바라는 마음에서 이 사실을 끝까지 숨기자고 하셨지만, 저는 한 명의 아티스트로서의 아빠를 존중하고, 여러분에게 어떻든 거짓말을 하는 게 너무나 죄송해서 이렇게 말씀드리게 되었습니다. 앞으로의 저작권 수입은 모두 저희 아빠에게 돌아갈 것이고, 저는 속죄하는 마음에서…"

말을 잇지 못하고 흑흑 대며 우는 파주를 보면서 공주는 너무나 어이없어 웃음이 났다. 사랑하는 제 아빠? 우와. 지가 잘되기를 바라는 마음에서? 공주는 핸드폰을 들고 거의 가보지 않던 아빠의 작업실에 갔다. 기타를 치며 악보를 그리던 아빠가 놀라서 쳐다봤다.

"이게 뭐야?"
"아… 이거 이제야 업로드된 거야?"
"알고 있었어? 어떻게 된 거냐고?"

"이 작업실에 파주는 너보다 훨씬 자주 왔었어. 파주는 음악을 듣는 귀가 있었거든. 난 파주랑 약속했을 뿐이야. 아무도 알아주지 않는 내 곡을 파주가 가져다 쓰고, 대신 내가 필요한 일이 생길 때까지 비밀을 지키기로. 물론 파주가 이렇게까지 뜰 줄은 몰랐지만."

"그래서 파주를 협박했어? 왜? 파주는 지금 아주 곤란해졌다고."

"협박이라니. 도움을 청한 것뿐이야. 파주도 자기 엄마가 감옥에 가는 건 원하지 않을 테니까. 그리고 곤란은 무슨 곤란. 파주 연기하는 거 너도 봤잖아. 아마 내일부터 동정 여론이 쏟아질걸? 넌 어떨 때 보면 네 동생보다 어린 것 같다니까. 대충해라. 대충."

며칠 후 이름만 대면 누구나 알만한 연예기획사 소속 변호사가 집에 다녀갔고, 파주 엄마의 군 의원 폭행 사건은 조용히 합의에 이르렀다. 군의원이 변호사 앞에서 싹싹 빌었다는 얘기는 나중에 들었다. 군 의원 일을 마무리한 변호사는 읍내 버스 터미널 옆에 버려지다시피 비어 있던 3층짜리 건물을 사서 파주 엄마 이름으로 해놓고 갔다. 돈이 어디서 생겼는지 아줌마는 사람들을 불러 2층, 3층을 살림집으로 개조했고, 1층에는 동남아 음식을 주로 하는 식당을 만들었다. 공주도 아줌마의 일당을 쳐 준다는 말에 마지못한 척 이 일 저 일에 끼어들었고, 점점 꼴을 갖춰가는 모습에 내심 뿌듯하기는 했다. 살림집에 다양한 국적의 여자들이 들어오고 식당이 개업하는 날, 파주는 여러 대의 카메라를 거느리고 개업식에 나타났다. 분명 일부러 화장도 안 하고 수수하게 입고 온 파주는 부끄러운 듯 개업식 테이프를 끊었고, 옆에 서 있던 깁스를 한

군 의원과도 연예인이 하듯 자연스럽게 인사를 나누었다.

수익금으로 이주 여성 노동자를 돕는 우리 시대 천사.

"이주 여성을 돕는 일은 당연한 일, 알려져서 부끄러울 뿐." 백설 파주 선행 널리 알려져야.

"저도 혼혈인으로서 남의 일 같지 않았어요." 미국, 아시아 지역에서 구독자 수 폭발적 증가.

식당에서 음식을 나르는 파주의 모습은 여러 쇼츠에서 수백만 번 재생되었고, TV 뉴스에서도 미담으로 보도되었다. 공주는 그걸 볼 때마다 그저 피식 웃었다. 파주는 해외 명품 브랜드의 한국 모델로까지 진출하며 이제 닿을 수 없는 거리로 멀어지고 있었지만, 공주는 더 이상 부럽지 않았다. 아빠는 아빠대로 게으르게 자기 삶을 누리게 되었고, 아줌마는 마음 줄 사람들을 만나 바쁘게 자기 시간을 채워갔다. 성주는 모든 남자 녀석들이 해오던 짓을 고대로 따라 하며 무럭무럭 컸고, 공주 자신은 아시아 식당의 지배인으로서 사람 대하는 일에 적응하게 되었다. 모두가 해피 해피. 다만 한 나라의 운명을 좌우할 비밀을 품고

사는 어느 먼 옛 나라의 공주가 그렇듯 공주도 자기가 알고 있는 여러 비밀들이 무거울 뿐이었다. 인내와 책임감, 정직과 도덕에 있어 딱 중간만큼에 자리하고 있는 자신이 그 무거운 걸 언젠가 내려놓을 수도 있다는 불안이 있을 뿐이었다.

정의는 어디에서 멈추는가?

왜 저한테만 그러세요?

학교에서 어떤 학생의 교칙 위반이나 잘못을 지적했을 때 가장 많이 듣는 말은 "왜 저한테만 그러세요", "왜 나만 잡아요?"입니다. 이건 학생들에게만 듣는 말은 아닙니다. 학부모님들에게도 자주 듣는 말이기도 합니다. "왜 우리 애한테만 그래요?"

음주운전으로 적발된 운전자가 경찰에게 "왜 나만 잡아요?"라고 말해도 처벌이 줄어들지 않듯, 이런 말은 듣는 사람을 설득할 수도, 사회적 법질서에 부합하지도, 처벌을 낮추는 효과도 없습니다. 하지만 이렇게 말하는 사람들에 대해 이해가 가는 측면도 있습니다. 이 말은 학교를 포함한 우리 사회 시스템에 적용되는 공정과 정의에 대한 근본적인 회의를 담고 있는 말이며, 그러한 회의와 의심은 여러 차례의 경험을 통해 축적된 것이어서 사회적 책임도 어느 정도는 있기 때문입니다.

즉, 자기 잘못이 어떻든 그것이 모든 이에게 공정하거나 정의롭지 않다면 받아들일 수 없다는 학생과 학부모의 말은 학교의 교칙 운영이나 교사의 생활 지도에 대한 깊은 불신을 바탕으로 하고 있기에, 학교에는 좀 더 근본적이고 포괄적인 성찰이 필요하다는 말입니다. 사회적 지위와 경제적 능력에 따라 법정 판결도 공정하지 않다는 것을 목격하는 요즘, 그런 항의가 단순히 개인의 우기기라고만 할 수는 없다는 것입니다. 하지만 전체 학생을 위해 교정적 정의를 세워야 하는 것이 교육적 의무이므로, 학교는 당연하게도 누가 잘못했는지를 가려 처벌의 적용을 공정히 하는 것보다 잘못을 저지른 학생에 대한 처벌의 수위가 적절한지에 더 큰 관심을 둡니다. 즉, 처벌을 통해서 부정의를 바로잡는 일에 집중한다는 뜻입니다.

이렇듯 교정적 정의를 세우기 위해 학교에서조차 드러나는 깊고 넓은 간극은 공정한 정의를 세우는 일이 얼마나 어려운지를 보여줍니다. 그럼 분배적 정의는 어떨까요? 교정적 정의보다 해결하기 쉬울까요?

야만의 시대를 막기 위하여

인간은 사회 속에서 살아가기 위해 사회적·경제적 자원을 필요로 합니다. 문제는 이 자원들이 어느 정도 채워져 기본적인 생활이 가능하더라도 인간은 더 많은 자원을 원한다는 것입니다. 자원은 더 많이 가질수록 편리와 힘을 주기 때문에 사람들은 만족을 모릅니다. 욕망에 한도가 없다는 것이죠. 더구나 자원은 모든 사람의 욕구를 만족시켜줄 만큼 충분하지도 않습니다. 즉, 내가 못 가질 수도 있다는 두려움과 갈증, 이는 가질 수 있을 때 더 가져야 하고, 한번 잡은 것은 절대 놓칠 수 없다는 본능으로 이어집니다. 이 상황을 그대로 놔두면 우리는 홉스가 말한 대로 "만인 대 만인이 투쟁"하는 야만의 시대로 되돌아갈 것입니다.

그래서 사회는 자원의 분배에 관한 여러 기준을 세우기로 했습니다. 능력에 따른 분배, 업적에 따른 분배, 필요에 따른 분배로 말입니다.

파주는 예뻤다. 어디서나 눈에 띄었다. 아빠만큼 키가 컸고, 금발의 머리 위에 햇빛을 데리고 다니는 듯 얼굴이 늘 환하고 하얬다. 공부도 잘했다. 한번 듣거나 읽은 것을 잊는 법이 없었다. 특히 음악과 체육에 특출났다.

......

학원 하나 없는 동네에서 파주는 인강만으로 꽤 좋은 성적을 유지했다. 파주는 자기 성적에 대해 겸손하지 않았고, 도시 애들은 매달 돈 백만원은 들어가야 나오는 성적이라며 자기 엄마에게 학원비만큼의 옷과 화장품을 당당히 요구했다. 파주 엄마는 명령을 기다렸다는 듯 아빠를 시켜 성주를 어린이집에 맡기고, 새벽 버스를 타고 나가 여러 농장에서 일을 시작했다.

파주는 여러모로 축복받은 유전자입니다. 외모도 능력이라고 칭송받는 이 시대에, 모든 걸 갖춘 파주는 남들보다 훨씬 빠르게 앞서나갈 수 있습니다. 하지만 파주는 모르는 게 있습니다. 자신의 성취가 온전히 자신만의 능력으로 만들어졌다는 착각, 그 착각을 바탕으로 주변의 희생을 요구하는 오만. 파주는 능력에 따른 분배를 신봉하는 사람입니다.

사실 우리 주변에는 이러한 '능력주의'를 굳게 믿는 사람들이 많습니다. 실력주의 또는 능력주의(Meritocracy)는 "개인의 능력과 노력에 따라 보상을 받는 것이 공정하다"는 믿음에 기초하고 있습니다. 언뜻 보기에 이는 과거 신분제나 인맥에 의한 성공보다 훨씬 합리적이고 정의로워 보입니다. 하지만 마이클 샌델(Michael Sandel) 교수 같은 사회철학자들은 이 능력주의에 대해 깊이 의심합니다.

먼저 기회의 불공정입니다. 능력주의가 성립하려면 모두가 '동일한 지점'에서 출발해야 합니다. 하지만 현실은 그렇지 않습니다. 부유한 부모, 유전적인 운 등으로 몇 걸음이나 앞서 출발하는 사람들은, 그것이 자신의 노력으로 얻은 것이 아니라는 사실을 인정해야 합니다.

두 번째는 불평등의 정당화입니다. 능력주의는 기득권층이 자신의 부와 권력을 도덕적으로 정당화하는 수단으로 악용될 수 있습니다. 따라서 사회적 약자를 돕는 복지나 재분배 정책에 대해 호의적이지 않습니다. 이 밖에도 많은 문제점이 있지만, 이 두 가지가 가장 핵심적인 문제라 할 것입니다. 간추려 보자면 "성공에는 '노력' 외에도 '운'과 '환경'이 결정적인 역할을 하는데, 능력주의는 이를 무시하고 모든 결과를 개인의 책임으로만 돌려, 결과적으로 공동체의 연대를 파괴한다"라는 것입니다.

능력에 대한 겸손, 필요에 대한 감사

이러한 파주에 비해 파주의 엄마는 필요에 따른 분배를 주장하는 사람입니다. 사회적 약자를 위해 기회의 평등보다 결과의 평등을 중요하게 생각하는 것이죠. 또한 자기 딸에게도 능력주의의 위험성을 알려주는 사람입니다.

> "이혼은 아니야. 방을 구하는 건 맞아. 나 말고 방을 쓸 사람들이 있어. 아니, 많아."
>
> "엄마 말고? 사람들? 한 명도 아니고? 그 사람들이 도대체 누군데?"
>
> "내가 농장에서 만나는 여자들. 한국말 못 하는 여자들. 일 끝나면 씻고, 먹고, 잘 공간이 필요한 사람들."
>
> ......
>
> "네 서울 생활의 시작을 만들어 준 그 비싼 대학 등록금과 반지하 보증금은 그냥 만들어진 게 아니야. 네가 장난처럼 말하는 우리 멤버, 아니 여기 식구들이 조금씩 자기가 쓸 걸 줄여서 만든 것이기도 해. 그리고 무엇보다 네가 자랑하는 그 재능. 모든 사람들이 부러워하는 외모와 재능. 그건 네 노력으로 얻어진 게 아니잖아. 선물처럼 우연히 네게 주어진 거라고. 그래서 감사해야 하는 거고."

물론 필요에 따른 분배 기준 역시 많은 문제점이 있습니다. 어차피 한정된 자원은 약자를 포함해 모든 사람의 필요를 채워줄 수 없습니다. 또한 재능에 더해 개인의 노력을 쌓아 사회적 성공을 거두려는 사람들의 의욕을 꺾어 사회 전체의 발전과 생산성을 떨어뜨릴 수도 있습니다. '능력'이냐 '필요'냐, 참 고르기 어려운 문제이기도 합니다. 다만 분명히 말할 수 있는 것은 뛰어난 능력으로 성공을 거둔 사람들은 자신의 지위와 경제력에 대해 겸손해야 하며, 필요에 따라 혜택을 받는 사람들은 사회적 연대에 고마워해야 한다는 것입니다.

'공정'에 대한 다양한 관점

공정하다는 말은 왜 이렇게 자주 싸움이 될까?

"그건 공정해." 우리는 이 말을 아주 쉽게 사용합니다. 시험 결과를 두고, 입시 제도를 두고, 뉴스를 보면서 사람들은 각자 공정하다고 말합니다. 그런데 조금만 지나면 같은 장면을 두고 전혀 다른 목소리가 나옵니다. 어떤 사람은 '원칙대로 한 것'이라고 말하고, 다른 사람은 '처음부터 불리했다'고 말합니다. 공정이라는 말은 왜 이렇게 자주 갈등을 만들까요?

우리는 지금까지 어떤 기준으로 공정하다고 말해왔을까요? 기회의 평등, 결과의 평등, 능력과 노력, 절차의 공정성, 그리고 공동체의 가치까지, 서로 다른 기준들이 공정을 설명해왔고, 그 기준들은 지금도 사회 곳곳에서 충돌하고 있습니다. 그 다섯 가지 시선을 따라가며, 우리가 살아가는 사회를 다시 바라보는 시간을 가져봅시다.

모두에게 같은 출발선이 있다면 공정할까?

체육대회에서 달리기 시합을 한다고 상상해보세요. 모두 같은 출발선에 서 있고, 같은 신호에 맞춰 달립니다. 누가 먼저 결승선에 도착하든 우리는 비교적 담담하게 결과를 받아들입니다. 출발 조건이 같다고 느껴지기 때문입니다. 여기서 공정은 '결과가 같음'이 아니라 '출발의 기회가 같음'을 의미합니다.

이 생각을 사회 전체로 확장한 사람이 존 롤스(John Rawls)입니다. 그는 사람들이 자기의 집안 형편, 재능, 성별, 지역을 전혀 모르는 상태에서 사회의 규칙을 정해야 한다고 가정했습니다. 이를 '무지의 베일'이라고 부릅니다. 만약 우리가 어떤 위치에 놓일지 모른다면, 특정한 사람에게만 유리한 규칙보다는 누구에게나 최소한의 기회가 보장되는 규칙을 선택할 가능성이 더 크지 않을까요?

한국 사회에서도 기회의 평등은 계속 등장하는 기준입니다. 대학 입시에서 정시 확대를 둘러싼 논쟁이 그 예입니다. 정시는 시험 점수라는 하나의 기준을 적용하기 때문에 공정하다고 느끼는 사람이 많습니다. 반면, 학생부 종합전형은 가정환경과 학교 여건에 따라 준비 과정이 달라질 수 있다는 비판을 받아왔습니다. 같은 '대학 진학'이라는 결과를 두고도 어떤 전형이 더 공정한지를 두고 사회가 갈라진 이유는, 공정을 바라보는 기준이 달랐기 때문입니다.

하지만 기회의 평등에도 질문은 남습니다. 2024년 한국은행 보고서에 따르면, 상위권 대학 진학률 격차의 약 75%는 부모의 경제력과 같은 사회·경제적 배경으로 설명되고, 학생의 잠재력 차이로 설명되는 부분은 25%에 불과하다고 분석했습니다. 출발선이 같아 보였을 뿐, 실제로는 달랐던 것일지도 모릅니다. 시험 준비에 쓸 수 있는 시간, 정보, 도움의 차이는 여전히 존재합니다. 이 지점에서 '기회의 평등만으로 충분한가?'라는 의문이 생깁니다.

불평등은 개인의 문제일까?

이번에는 다른 장면을 떠올려 봅시다. 같은 정도로 노력했다고 느끼는데도, 삶의 결과가 계속 벌어지는 사람들이 있다면 그 차이를 전부 개인의 책임으로만 설명할 수 있을까요? 결과의 평등을 강조하는 관점은 바로 이 질문에서 출발합니다.

마르크스주의는 자본주의사회의 불평등이 개인의 능력이나 성실성 때문이 아니라, 사회구조 자체에서 만들어진다고 봅니다. 출발선이 다르고, 출발 이후에도 조건이 계속 다르다면 결과의 차이는 자연스레 커질 수밖에 없다는 것입니다. 그래서 단지 기회만 평등하다고 해서 공정하다고 말할 수 없고, 결과의 격차 자체를 줄이는 것이 중요하다고 주장합니다.

한국 사회에서 이 관점이 떠오르는 대표적인 장면은 부동산 문제입니다. 같은 시기에 사회에 나왔지만 집을 살 수 있었던 사람과 그렇지 못했던 사람의 삶은 크게 달라졌습니다. 노력의 차이만으로 설명하기 어려운 결과의 격차 앞에서 많은 사람들은 '이건 개인의 문제가 아니다'라고 느낍니다. 이때 공정의 기준은 '기회'에서 '결과'로 이동합니다. 2025년 가계금융복지조사에 따르면, 우리나라 순자산 상위 20% 가구의 평균 자산은 약 17억 4,590만 원, 하위 20%는 약 3,890만 원 수준으로, 자산 격차는 약 45배에 달한 것으로 나타났습니다. 자산 불평등을 보여주는 지니계수도 통계 작성 이후 최고 수준이라는 분석이 나왔습니다.(각주 2) 이런 상황에서 '결과의 평등'이라는 말은 단순한 구호가 아니라, 실제 삶의 차이를 두고 던지는 질문이 됩니다. 동시에 고민도 남습니다. 결과의 격차를 줄이기 위해 사회는 어디까지 개입해야 할까요? 개인의 선택과 책임은 어떻게 평가해야 할까요?

능력과 노력은 공정한 기준일까?

능력주의는 우리에게 가장 익숙한 공정의 언어입니다. 시험 점수, 성과급, 승진은 능력과 노력의 결과라고 설명됩니다. 그래서 능력주의는 직관적으로 공정해 보입니다.

하지만 능력주의가 작동하는 현실을 조금만 들여다보면 의문이 생깁니다. 같은 성적을 얻기까지의 과정은 정말 같았을까요? 어떤 학생은 공부에만 집중할 수 있었고, 어떤 학생은 아르바이트를 병행해야 했습니다. '노력'이라는 말이 이 차이를 모두 덮을 수 있을까요? 한국 사회에서 '능력주의의 그늘'이 드러난 사건 중 하나는 청년 채용 과정에서의 스펙 경쟁 논란입니다. 인턴 경험, 어학 점수, 각종 자격증은 능력을 보여주는 지표처럼 사용되지만, 그 스펙을 쌓을 수 있는 시간과 비용은 모두에게 같지 않습니다. 한국노동연구원 분석에 따르면 고소득층 자녀의 어학연수 경험 비율은 저소득층 자녀보다 약 5배 높습니다. 이는 영어 성적 등 취업 필수 스펙이 '경제적 투자'의 결과물임을 시사합니다.

능력주의는 공정의 언어처럼 보이지만, 출발 조건의 차이를 가려버릴 위험도 함께 가지고 있습니다. 이 장면에서 우리는 묻게 됩니다. 능력과 노력은 어디까지 개인의 책임일까요? 그리고 그 기준은 누구에게 유리하게 작동하고 있을까요?

절차가 공정하면 결과도 공정할까?

로버트 노직(Robert Nozick)은 공정을 결과가 아니라 절차에서 찾았습니다. 사람들이 강요받지 않고 자유롭게 선택하고 교환했다면, 그 결과가 불평등하더라도 공정하다고 본 것입니다. 이 관점에서는 공정이 평등의 문제가 아니라 자유의 문제로 바뀝니다.

한국 사회에서 이 논리는 플랫폼 노동을 둘러싼 논쟁에서 자주 등장합니다. 배달 노동을 선택한 것도, 플랫폼과 계약한 것도 개인이었으니, 그 대가도 스스로 감수해야 한다는 주장입니다. 하지만 실제 현실은 조금 다릅니다. 고용정보원과 관련 조사에 따르면, 플랫폼 종사자 중 상당수는 구체적인 근로계약 없이 일하거나, 단가·업무 방식 등 계약 조건을 자신이 거의 결정할 수 없다고 답했습니다.

또한 조사 결과, 플랫폼 종사자 상당수는 장시간 노동을 해도 수수료·유류비 등을 제하면 법정 최저임금에 못 미치는 실질소득을 얻는 경우가 적지 않은 것으로 나타났습니다. 생계를 위해 어쩔 수 없이 선택한 일이 '완전히 자발적인 계약'처럼 포장되는 순간, 절차가 정말 자유로웠는지에 대한 의문이 생깁니다. 절차의 공정성은 중요한 기준이지만, 그

절차가 실제로 얼마나 자유롭고 대등했는지를 함께 살피지 않으면 공정은 형식에 그칠 수 있습니다.

공정은 공동체의 가치와 연결된다

알래스데어 매킨타이어(Alasdair MacIntyre)는 공정을 개인의 선택이나 결과만으로 판단할 수 없다고 보았습니다. 우리는 언제나 공동체 안에서 살아가고, 그 공동체가 무엇을 중요하게 여기는지에 따라 공정의 기준도 달라진다는 것입니다.

이 관점에서 보면, 한국 사회에서 반복되는 장애인 이동권 시위 논쟁은 중요한 질문을 던집니다. 출근길이 막힌다며 시위를 비판하는 목소리와, 기본적인 이동권조차 보장되지 않은 현실을 말하는 목소리가 충돌합니다. 국토교통부의 '2024년도 교통약자 이동편의 실태조사'에 따르면, 우리나라 교통약자는 1,613만 명으로 전체 인구의 31.5%에 달하며, 해마다 증가하는 추세입니다. 전국 시내버스의 저상버스 보급률은 44.4% 수준이지만, 수도권과 일부 비수도권 사이에는 여전히 큰 격차가 있습니다.

이동권을 둘러싼 논쟁에서 공정은 단순한 효율이나 규칙의 문제가 아니라, '어떤 삶을 사회가 함께 책임질 것인가'의 문제로 바뀝니다. 매킨타이어가 말하는 공정은 계산이 아니라 관계입니다. 공동체가 무엇을 중요하게 여기는지에 따라, 같은 장면도 전혀 다르게 보일 수 있습니다. 경쟁을 최우선으로 여기는 사회와, 연대를 중시하는 사회는 공정의 기준부터 달라지기 때문입니다.

우리는 어떤 사회를 함께 만들어가고 싶은가요?

공정은 하나의 의미로 쉽게 정의되지 않습니다. 기회의 평등, 결과의 평등, 능력과 노력, 절차의 공정성, 공동체의 가치라는 서로 다른 기준들은 때로는 서로를 보완하고, 때로는 충돌합니다.

그래서 중요한 것은 '이 상황에서는 어떤 기준을 먼저 생각해야 할까?'를 끊임없이 묻는 힘입니다. 그 질문을 멈추지 않는다면, 공정은 교과서 속 단어가 아니라 우리가 함께 만들어가는 삶의 방식이 될 것입니다.

청소년들이 생각하는
우리 사회의 공정성은?

한국여성정책연구원(2020)의 설문조사에서 '흙수저는 금수저를 따라잡을 수 없다'에 85.3%의 청소년이 동의하였다는 결과가 있었습니다. 청소년들에게 이런 사회의 모습은 어떻게 인식되고 있을까요?

〈자료1〉 청소년 전체 및 연령에 따른 공정성 인식 정도

전체	만13~15세	만16~18세	만19~24세
4.65	4.85	4.74	4.54

▶ 청소년에게 우리 사회가 공정하다고 생각하는지 물었을 때 중간 점수(5점)보다 조금 낮은 4.65점으로 나타났습니다(1점 '매우 동의하지 않는다' ~ 9점 '매우 동의한다').

▶ 연령별로 살펴보았을 때는 만 13~15세, 만 16~18세, 만 19~24세 순으로, 연령이 높을수록 공정하다는 인식이 낮아졌습니다.

1. 청소년 전체의 우리 사회 공정성 인식 평균 점수(4.65점)가 중간 점수(5점)보다 낮게 나타났습니다. 연령이 높을수록 우리 사회가 공정하다고 느끼는 정도가 낮아지는 경향과 연결지어, 그 이유를 분석해 보세요. 그리고 이런 인식이 청소년들의 사회에 대한 태도(예: 무력감, 불신 등)에 어떤 영향을 줄 수 있는지 서술해 봅시다.

2. 한국여성정책연구원의 설문조사에서 '흙수저는 금수저를 따라잡을 수 없다'
   는 말에 85.3%의 청소년이 동의했다는 결과가 나왔습니다. 이와 같은 인식
   이 〈자료 1〉에 나타난 청소년들의 전반적인 공정성 인식 수준(4.65점)에 어
   떻게 반영되어 있다고 볼 수 있는지 논해보세요. 그리고 이러한 생각이 청소
   년들이 자신의 미래를 계획하거나, 사회에 참여하는 방식(예: 진로 선택, 정
   치·사회 참여)에 어떤 영향을 미칠 수 있을지 서술해 봅시다.

<자료2> 사회적 배경에 따른 공정성 인식 정도

전체	부 학력 고졸 이하	부 학력 대졸 이상	가정 형편 낮음	가정 형편 중간	가정 형편 높음
4.65	4.62	4.67	4.23	4.66	4.88

▶ 가정의 사회적 배경에 따라 우리 사회의 공정성에 대한 인식에 차이가 있는 것으로 나타났습니다.

▶ 아버지의 학력이 높을수록, 가정의 경제적 수준이 높을수록 청소년의 공정성에 대한 인식이 높았습니다.

1. 아버지의 학력과 가정의 경제적 수준이 높을수록 우리 사회가 공정하다고 느끼는 정도가 높게 나타났습니다. 이 결과가 의미하는 바가 무엇인지 설명해 보세요. 또 사회적 배경에 따라 공정성 인식의 격차가 더 커질 경우, 계층 간 갈등이나 사회 통합 저해와 같은 어떤 사회적 문제들이 생길 수 있을지 구체적으로 서술해 봅시다.

2. 〈자료2〉에서 나타난 공정성 인식의 사회적 배경별 차이는, 청소년들이 느끼
는 사회적 계층 간 불평등 문제와 깊게 연결되어 있습니다. 이런 인식이 청소
년 시기의 성장 환경과 가치관 형성에 어떤 영향을 줄 수 있을지 구체적으로
설명해 보세요. 또한 이러한 경향이 장기적으로 우리 사회의 사회 통합과 발
전에 어떤 도전 과제를 던지는지 논해 봅시다.

<자료3> 사회 이동성 인식

전체	부 학력 고졸 이하	부 학력 대졸 이상	가정 형편 낮음	가정 형편 중간	가정 형편 높음
4.14	4.1	4.15	3.99	4.15	4.22

▶ 청소년에게 자신의 노력에 의해 사회경제적 지위가 높아질 수 있다고 생각하는지를 물었을 때 4.14점(7점 척도)으로 나타났습니다. (1점 '매우 동의하지 않는다' ~ 7점 '매우 동의한다')

▶ 아버지의 학력이 높을수록, 가정의 경제적 수준이 높을수록 사회 이동성에 대한 인식이 높았습니다.

1. 청소년들은 '자신의 노력으로 사회·경제적 지위를 높일 수 있다'는 사회 이동성 인식을 평균 4.14점(7점 척도) 정도로, 딱 중간 수준에 가깝게 응답했습니다. 이 점수가 중간에 머무른 이유를 생각해 보고, 이런 인식이 청소년들의 학업과 진로 선택, 그리고 미래에 대한 희망이나 기대에 어떤 영향을 줄 수 있을지 서술해 보세요.

2. 〈자료 3〉에 따르면, 아버지의 학력과 가정의 경제적 수준이 높을수록 사회이
동이 가능하다고 느끼는 정도가 더 높게 나타났습니다. 이 결과가 '흙수저는
금수저를 따라잡을 수 없다'는 인식(청소년 85.3% 동의)과 어떤 점에서 연결
된다고 볼 수 있는지 설명해 보세요. 그리고 사회적 계층 간 이동성 격차를 줄
이기 위해, 교육과 정책 측면에서 왜 적극적인 노력이 필요한지 그 이유를 들
어 논해 봅시다.

〈자료4〉 미래인식 교육에 대한 포부(13~18세 대상)

전체	부 학력 고졸 이하	부 학력 대졸 이상	가정 형편 낮음	가정 형편 중간	가정 형편 높음
3.16	2.88	3.24	2.98	3.13	3.26

미래인식 직업에 대한 포부(전체 대상)

전체	부 학력 고졸 이하	부 학력 대졸 이상	가정 형편 낮음	가정 형편 중간	가정 형편 높음
1.98	1.99	1.97	1.93	1.93	2.06

▶ 가정의 경제적 수준이 높을수록 미래 교육과 미래 직업에 대한 포부 수준이 높은 것으로 나타났습니다.

▶ 아버지의 학력은 청소년의 미래 포부에 별다른 영향을 미치지 않았습니다.

1. 〈자료 4〉에 따르면, 가정의 경제적 수준이 높을수록 미래 교육과 미래 직업에 대한 포부 수준이 더 높게 나타났습니다. 이 결과가 우리 사회의 교육 불평등과 기회 불평등 문제와 어떻게 연결될 수 있는지 분석해 보세요. 또 이런 현상이 개인이 자신의 잠재력을 충분히 발휘하는 데, 그리고 사회 전체의 역동성과 활력을 유지하는 데 어떤 부정적인 영향을 줄 수 있는지 서술해 봅시다.

2. 〈자료4〉에 따르면, 아버지의 학력은 청소년의 미래 직업 포부에는 큰 영향을 주지 않는 반면, 가정의 경제적 수준은 미래 교육 및 직업 포부에 뚜렷한 영향을 미치는 것으로 나타났습니다. 이 두 가지 결과가 청소년들의 진로 교육과 직업 선택 과정에 어떤 시사점을 주는지 설명해 보세요. 그리고 경제적 격차가 진로 포부와 진로 선택을 과도하게 제한하지 않도록, 사회적으로 어떤 지원과 정책(예: 진로 상담, 장학 제도, 취약계층 대상 프로그램 등)이 필요하다고 생각하는지 논해 봅시다.

〈자료5〉 청소년의 공정성 관련 이슈에 대한 생각

공정성 관련 이슈	공정성 인식 하위집단	공정성 인식 상위집단
장학금을 줄 때 가정형편보다 성적을 고려해야 한다	4.56	6.52
대학입학사정관의 학생생활기록부 판단은 객관적이고 공정하다	4.06	6.36
의대와 명문대 합격자 중 특정지역 학생들이 많은 것은 그들의 실력이 좋은 것이므로 공정하다	4.23	6.71
비정규직으로 입사한 사람이 정규직으로 되는 것은공정하다	5.71	6.68
개인이 처한 상황에 상관없이 오로지 능력에 따라 보상받는 것이 공정하다	4.53	6.78

1. 〈자료5〉에서 '공정성 인식 상위집단'은 "장학금을 줄 때 가정형편보다 성적을 더 중요하게 봐야 한다", "개인이 처한 상황과 상관없이 오로지 능력에 따라 보상받는 것이 공정하다"와 같은 능력주의적 공정관에 더 강하게 동의하는 것으로 나타났습니다. 이 결과가 보여주는 청소년들의 공정성 인식의 특징은 무엇인지 정리해 보세요. 또한 이런 인식이 우리 사회의 경쟁과 불평등 문제를 바라보는 시각에 어떤 영향을 줄 수 있을지 분석해 봅시다.

2. 〈자료5〉에 제시된 여러 공정성 관련 이슈(대학 입학사정관의 판단, 의대·명
   문대 합격자의 지역 쏠림, 장학금 지급 기준 등)에 대해, 청소년들 사이에서 인
   식 차이가 나타나고 있습니다. 특히 '공정성 인식 하위집단'과 '상위집단' 사이
   에 의견 차이가 크게 벌어지는 이유를, 각 집단이 처한 사회적·경제적 배경이
   나 경험의 차이와 연결지어 추론해 보세요. 그리고 이러한 인식 격차가 장학
   금 제도, 입시 제도, 노동시장(정규직·비정규직 문제 등)을 둘러싼 사회적 갈
   등으로 이어질 수 있는 가능성을, 실제나 가상의 구체적인 사례를 들어 서술
   해 봅시다.

시장경제와 지속가능발전

슬기로운 경제생활

시장경제와 지속가능발전

1. 자본주의의 전개와 경제체제
❶ 자본주의의 역사적 전개 과정과 특징
❷ 경제체제에 따른 다양한 삶의 방식

2. 합리적 선택과 경제주체의 역할과 책임
❶ 합리적 선택의 의미와 한계
❷ 지속가능발전을 위한 경제주체의 역할과 책임

3. 금융자산과 자산 관리
❶ 금융자산의 특징과 금융 생활 설계
❷ 금융 의사 결정에 영향을 미치는 거시적 요인

4. 국제 분업과 무역
❶ 국제 분업과 무역의 필요성
❷ 지속가능발전에 기여하는 국제무역의 방안

자본주의는 사유재산권을 바탕으로 개인과 기업이 시장에서 자유롭게 경제활동을 하며 경쟁하는 시장경제체제입니다. 개인은 자신의 이익을 극대화하기 위해 생산과 소비를 결정하고, 이 과정에서 형성되는 시장 가격은 자원을 효율적으로 나누는 데 중요한 역할을 합니다.

자본주의는 시대의 필요와 경제 상황에 따라 형태를 바꾸어왔습니다. 신항로 개척 이후 교역이 늘어나면서, 물건을 사고파는 과정에서 이윤을 얻는 상업자본주의가 성장했습니다. 산업혁명 이후에는 공장을 통한 대량생산이 가능해지면서, 생산 과정에서의 이윤을 중시하는 산업자본주의가 발전했습니다.

이후 자본주의가 심화되면서 빈부 격차와 실업 같은 문제가 나타나고, 1920년대 대공황을 겪으면서 '시장을 완전히 내버려둘 수만은 없다'는 인식이 확산되었습니다. 그 결과 정부가 시장에 적극적으로 개입해 경기와 고용을 안정시키려는 수정자본주의가 등장했습니다. 그러나 20세기 후반에 들어서 정부 개입이 비효율과 재정 부담을 키운다는 비판이 늘어났고, 다시 시장의 자율성을 강조하며 정부의 역할을 줄이자는 신자유주의가 힘을 얻게 되었습니다.

경제생활에서 사람들은 한정된 자원을 아끼고 잘 쓰기 위해 합리적 선택을 해야 합니다. 합리적 선택이란 최소한의 비용으로 최대한의 편익을 얻는 것으로, 여러 대안의 비용과 편익을 비교해 순편익(편익−비용)이 가장 큰 것을 고르는 것을 말합니다. 이때 비용에는 실제로 돈이 나가는 명시적 비용뿐 아니라, 어떤 선택 때문에 포기한 것 중 가장 큰 가치를 뜻하는 기회비용(암묵적 비용 포함)도 함께 고려해야 합니다.

하지만 개인에게 합리적인 선택이 항상 사회 전체에도 좋은 결과를 가져오는 것은 아닙니다. 독과점이 생기거나, 공공재가 충분히 공급되지 않거나, 오염처럼 제3자에게 피해를 주는 외부효과가 발생하는 등 시장이 자원을 제대로 나누지 못하는 '시장 실패'가 나타날 수 있기 때문입니다.

이런 한계를 보완하고 지속가능발전을 이루기 위해서는 시장에 참여하는 여러 주체들의 역할이 중요합니다. 정부는 공정한 경쟁을 막는 독과점을 규제하고, 시장에서 충분히 공급되지 않는 공공재를 직접 공급하며, 환경오염 같은 외부효과를 줄이기 위한 제도와 정책을 마련해야 합니다. 기업은 이윤을 추구하는 것을 넘어서, 환경 보호, 지역사회 공헌, 투명한 지배구조를 중시하는 ESG 경영을 통해 사회적 책임을 실천해야 합니다. 노동자는 성실한 노동과 생산성 향상을 통해 경제 발전에 기여하고, 협력적인 노사 관계 속에서 정당한 권리를 보장받아야 합니다. 소비자는 내 만족만이 아니라 환경과 사회를 함께 생각하는 윤리적 소비를 실천함으로써, 시장이 지속가능한 방향으로 변하도록 영향을 줄 수 있습니다.

안정적인 경제생활을 위해서는 자산 관리와 금융 생활 설계도 필요합니다. 자산은 예금·주식·채권 같은 금융자산과, 부동산·금 같은 실물 자산으로 나눌 수 있습니다. 성공적인 자산 관리를 위해서는 원금의 손실 가능성을 뜻하는 안전성, 얻을 수 있는 이익의 크기인 수익성, 필요할 때 얼마나 쉽게 현금으로 바꿀 수 있는지 나타내는 유동성을 균형 있게 고려해야 합니다.

예금은 안전성과 유동성이 매우 높지만, 수익성은 낮은 편입니다. 주식은 기업 성장에 따라 큰 수익을 기대할 수 있으나, 원금을 잃을 위험도 그만큼 큽니다. 채권은 정부나 기업에 돈을 빌려주고 정해진 이자를 받는 자산으로, 일반적으로 예금보다 수익성은 높고 주식보다 안전성이 높은, 중간 성격의 금융상품으로 볼 수 있습니다.

인간은 연령에 따라 수입과 지출이 달라지는 '생애주기'를 거칩니다. 그래서 은퇴 이후까지 내다본 체계적인 재무 설계가 중요하며, 금리·물가·환율 같은 거시경제 지표의 변화가 금융 의사 결정에 어떤 영향을 미치는지도 함께 살펴볼 필요가 있습니다.

나아가 현대 경제는 국가 간 자원의 희소성과 기술력의 차이를 바탕으로 한 국제 분업과 무역을 통해 성장합니다. 각 국가는 상대적으로 생산 효율이 높은 상품에 집중하는 비교 우위 원리에 따라 상품을 특화하여 생산하고, 교환함으로써 서로 이익을 얻습니다. 오늘날 세계경제는 글로벌 가치 사슬을 통해 생산공정이 전 세계로 분산되며 더욱 긴밀한 상호 의존관계를 형성하고 있습니다.

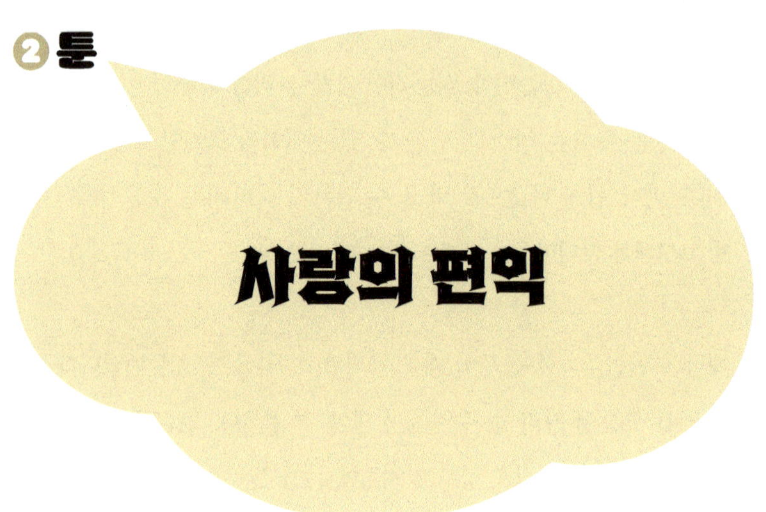

2툰
사랑의 편익

1
선생님,
부모님께서 여자 친구를
그만 만나는 게
어떻겠냐 하세요!

2
부모님은
제가 원하는 성적을
얻으려면 여자 친구를 만나는
시간과 비용에 대한 기회비용을
생각해 보라셔요…

여자 친구를
만나는 시간에
수학 공부를 해서
오를 수 있는 제 성적이
가장 큰 기회비용이라고
말이에요…
여자 친구야
나야?
고등 수학

너도 성적을
올리고 싶다면
부모님 말씀이
틀린 건 아니지 않을까?
연애와 공부 둘 다
잘 하기는 어려우니까.

성적도 올리고 싶지만
여자 친구랑 헤어질 순 없어요!
그동안 우리 추억을 쌓는 데 들인
비용과 시간은 어쩌고요?

추억은 지나간 일!
'매몰비용'이지!
매몰비용은 고려의 대상이 아냐.
연애를 함으로써 잃는
미래의 기회비용을
생각해야지.

7
그렇게 생각해도
여자 친구를 포기할수 없어요!
저는 앞으로도 여자 친구를
만나며 설렘, 기쁨, 활기 같은
큰 편익을 누릴 거라고요.

8
아하!
그게 너에게 큰 편익으로
작용하는구나?
그럼 공부를 통해 얻는
편익은 없는 거니?

9
물론 공부로 얻는
편익도 있겠지만,
여자 친구에게서 얻는
제 정신적 편익은 측정 불가!
어떤 것과도
비교할 수 없어요!

10
아하하…! 그래
부모님께 잘
설명드려보렴…
저 꽁깍지를
어쩌면 좋아…
여자 친구는
내 전부야!

자린고비의 돈 버는 방법

제이린 코비는 미국 서부 작은 농촌 마을에서 3녀 1남의 막내로 태어났다. 사료로 쓰이는 알팔파를 키우는 농부였던 아버지는 일요일에 빠짐없이 교회에 출석하며 이웃에게도 친절했고, 매번 세금을 빼먹지 않을 정도로 정직했으나 돈을 버는 일에는 수완이 없었다. 집안은 늘 빠듯했고, 코비의 형제들은 정해진 학교 프로그램 외에 배우거나 누리거나 즐길 수 있는 것이 없었다. 누나들은 모두 한국 보이그룹의 열렬한 팬이었으나 차로 6시간 거리의 가까운 LA에서 어쩌다 한번 열린 콘서트는 입장료며 숙박비며 감히 꿈도 꿀 수 없었고, 대부분은 학교 와이파이 존에서 다운받아 온 우상들의 공연과 일상을 보면서 소리 지르는 게 할 수 있는 전부였다. 그 와중에 코비도 중학교를 지나면서 예쁘장한 한국 남자 아이돌의 나라를 알게 되었고, 그 나라에서 일어나는 신기한 일들에 대해 관심을 갖게 되었다. 그리고 얼마 지나지 않아 가난하고 무료한 자기 고향을 떠나 그 나라에 가서 살기로 마음먹었다.

한국은 좋았다. 영어를 쓴다는 이유로 사람들은 모두 그를 좋아해 주었다. 그는 운 좋게 영어회화 학원에 강사로 일자리를 얻었고, '조크'가 섞인 그의 수업은 인기를 끌어 원장이 작은 원룸을 얻어주기까지 했다. 하지만 수입은 생각보다 변변치 않았다. 먼저 그에게는 학위가 없었다. 미국에서의 대학은 꽤 큰돈이 필요했고, 그는 누나들처럼 성인이 되고선 대학 대신 작은 일자리를 전전했을 뿐이었다. 원장은 누가 알겠냐며 그가 미국 어디 주립대 출신이라고 적힌 학원 광고지 시안을 내밀었으나 그는 단번에 거절했고, 눈빛이 달라진 원장은 아무리 수강생이 늘어도 이 핑계 저 핑계로 월급을 올려주지 않았다. 한국에는 왜 이렇게 미국에서 온 인간들이 많은지 다른 학원 강사 자리를 알아보는 건 쉽지 않았기 때문에 그도 더 이상 따질 수 없었다. 또 하나 코비를 괴롭힌 것은 비자 문제였다. 같은 학원의 원어민 강사들 대부분이 그렇듯 그도 한국 교포가 아니었으므로 장기 체류가 가능한 F-4 비자를 받을 수 없었고, 구직활동 비자인 D-10 비자도 대학 졸업증명서나 재산 증명 등을 요구했으므로 역시 그림의 떡이었다. 그때 그런 그의 고민을 한 방에 해결해줄 일이 생겼는데, 그건 한국 여자와의 사랑이었다. 결혼까지는 시간이 얼마 걸리지 않았고, 그는 한국인과 결혼한 외국인이 받는 F-6 비자를 받아 한국에서 살아가는 데 있어 큰 장벽을 하나 넘을 수 있었다.

하지만 시간이 지나도 수입은 나아지지 않았고, 아이들이 생기면서 아내마저 다니던 작은 회사를 그만두게 되자 살림은 더욱 어려워졌다. 모든 걸 아끼고 참아야 했다. 최소한의 저축을 위해 코비는 강사와 직원들이 가끔 하는 간식 내기 사다리 게임에도 적당한 핑계를 대며 빠졌다. 사람들은 처음에 그를 검소하거나 고지식한 사람으로 이해했지만, 밥 한번 살 상황에서도 끝내 지갑을 열지 않는 그를 점점 인색한 사람으로 생각하기 시작했다. 거기다 멀쩡한 외모와 달리 그가 걸친 오래된 옷과 가방은 그런 평판을 더욱 굳히게 했는데, 그는 결국 학원에서 자기 이름과 비슷한 '자린고비'라는 별명으로 불리게 되었다. 나중에 그 소리를 들은 그는 자신의 별명에 동의할 수 없었는데, 자린고비는 어쨌든 부자였고 그 인색함은 자신과 달리 자발적인 것이기 때문이었다.

한번은 아내의 고등학교 친구들 부부 동반 모임에서 한 달 수업료가 자기 월급의 반 정도에 이르는 고급 영어 유치원에 관한 이야기가 나왔는데, 대부분은 돈을 걱정하는 것이 아니라 자기 집 애가 들어갈 자리가 부족한 걸 안타까워하고 있었다. 그때 유난히 목소리가 큰 한 여자가 코비를 힐끗거리며 아내를 향해 "너는 애들 그 영어 유치원 보낼 돈은 굳었다, 애." 하며 질투인지 야유인지 묘한 웃음을 짓는 걸 보고는 자신의 궁핍이 자신뿐만 아니라 마누라를 통해서도 드러난다는 걸 알게 되었고, 그 부끄러움이 자식들에게도 물려질 것으로 생각하니 정신이 번쩍 들었다.

그 자리에서 돌아온 이후 그는 조용히 앉아 자기의 생애주기에서 지금이 가장 많은 돈이 들어가는 시기라는 걸 깨달았다. 이런 식으로 지출과 수입을 유지하면서 평균의 지구 사람들이 사는 만큼 살게 된다면, 60살 이후부터는 매우 고통스러운 생활을 하게 될 것도 알게 되었다. 하지만 눈에 보이는 악몽을 대비하기 위해 필요한 자금은 지금의 월급만으로는 턱도 없는 것이었다.

코비는 이제 막 입주를 시작하는 경기도 신도시의 작은 아파트를 월세로 얻어 이사했고, 그렇게 집을 줄인 돈에 처갓집의 도움을 합쳐 그 동네 제일 작고 외진 상가를 얻어 '미국 in 떡볶이' 간판을 걸고 장사를 시작했다. 코비는 무슨 음식이든 만드는데 두려움이 없었고, 부인과 장모, 유튜브와 AI를 이용해 메뉴를 개발해 꽤 맛있다는 평가를 들었다. 가게 이름처럼 미국 냄새를 풍기기 위해 대표 메뉴는 고추장 양념에 핫소스를 섞은 후 치즈와 베이컨, 미트볼을 올려 '마이클 잭슨'이라 명명한 떡볶이였고, 다른 메뉴들에도 미국 유명 연예인의 이름을 붙였다. 가게를 다녀간 사람들이 하나둘 자신의 블로그나 인스타에 후기를 올리고 유튜브에도 맛집으로 나오기 시작하면서 임대료와 재료비 등을 빼고도 자신과 온종일 가게에 묶여있는 아내의 인건비까지는 나올 정도가 되었다. 이렇게만 가면 학원 강사로 받던 돈보다 훨씬 더 벌 거라 하며 그가 뿌듯해하고 있을 때 처음으

로 위기가 닥쳐왔다. 아파트 주변의 프랜차이즈 떡볶이집들이 일제히 가격을 내린 것이었다. 손님은 눈에 띄게 줄기 시작했고, 특히 주변 입시 학원 학생들의 발걸음이 뚝 떨어졌다. 코비는 그들이 분명 동네에 새로 진입한 자신을, 특히나 외국인인 자신을 따돌리기 위해 담합한 것을 의심했지만 확실한 증거는 없었다. 그들을 의심할 시간에 그는 대책을 마련해야 했고, 가장 효과적인 대응책은 그들과 같은 수준으로 가격을 낮추는 것이지만 그렇게 되면 자신에게 남는 것이 없었다. 그는 새로운 방법이 필요하다고 생각했다. 그는 자신이 외국인인 것을 오히려 이용하기로 했다. 그는 서빙을 맡던 아내를 주방 보조로 빼고, 자신과 같은 학원에서 일하던 젊은 미국인을 데려와 점심부터 저녁까지 서빙을 맡겼다.

"매튜, 이거 하나만 꼭 기억해. 너는 이 동네에 들어서는 순간부터 저녁에 너 다니는 학원에 출근하러 갈 때까지 무조건 영어만 써야 해. 누구라도 한국말로 물어보거나 말을 시키면 무조건 못 알아듣는 척하고 영어로만 얘기하라고. 만약 우리 가게 매상이 오르게 되면 그 비율에 따라 네게 보너스를 주겠어."

자신보다 고급 어휘나 전문 용어에 대해서는 무식했지만 배우 같은 외모로 훨씬 많은 수강생들의 인기를 끌던 매튜는 어깨를 으쓱하며 "노 프로블럼."이라고 했다.

신도시 엄마들의 교육열은 높았고, 엄마들은 다섯 살이 될까 말까 한 아기들까지 데려와서 "헬로, 해봐 헬로." 하며 등을 떠밀었다. 매튜는 과장된 억양과 제스처로 그들의 환호를 받았고, 아이들을 위해 맵지 않은 메뉴를 따로 개발해야 할 만큼 매상은 순식간에 올랐다. 가게 앞에는 긴 줄이 생기기 시작했고, 매튜가 퇴근한 이후에 그 역할을 이어받은 코비에 의해 재료 소진 때까지 북적였다. 코비는 옆 가게를 인수해 테이블 수를 늘렸고, 미국인 직원도 더 뽑았다. 나중에는 양까지 늘려 코비의 가게에 위협이 되던 큰 프랜차이즈 떡볶이집들의 문을 닫게 했고, 그 자리에는 '미국 in 떡볶이'의 간판을 걸었다. 가게의 규모가 커지면서 규모의 경제가 가능해졌다. 떡과 양념 등 재료를 대량으로 구매하게 되면서 제품의 단가는 계속 낮아졌다. 코비는 그렇게 커진 이익만큼 떡볶이의 가격을 낮추기보다 서비스를 늘렸다. 영어 회화로 세 번 정도의 대화가 가능한 손님에게는 사이드 메뉴를 무료 제공했고, 모의고사 영어 1등급을 받아오는 고등학생들에게는 반값 할인을 해주었다.

주차 문의가 많아졌고, 그들이 대부분 꽤 먼 거리에서 일부러 찾아온 것이라는 걸 알게 된 코비는 프랜차이즈를 준비하게 되었다. 자신의 가게를 기업으로 만들어 지방에까지 영업을 확대하고 싶었다. 그렇게 코비가 바쁘게 회사를 준비하던 중 자신의 가게 이름이 이미 다른 지방에서 사용되고 있고, 법적으로 상표 등록까지 되어 있다는 것을 알게 되었다. 수소문을 통해 겨우 다른 '미국 in 떡볶이'를 찾았을 때 그는 놀랄 수밖에 없었다. 손님도 별로 없는 그 가게의 내부 장식이나 메뉴는 자신의 가게와 똑같았고, 미국인 종업원을 쓰는 것도 같았다. 더욱 놀라운

건 그 가게의 사장이 바로 자신의 가게에서 일했던 매튜라는 것이었다. 매튜는 상표권을 코비에게 넘기는 조건으로 엄청난 돈을 요구했다. 코비는 길고 긴 협상 끝에 울며 겨자 먹기로 상표권을 넘겨받았고, 그 과정에서 몸과 마음과 통장에 상처를 받았다. 코비는 너무나 화가 나고 억울했지만, 상표권을 등록해야 한다는 사실을 몰랐던 자신이 치러야 하는 비싼 수업료라고 생각하기로 했다. 코비의 두 번째 위기였다.

세 번째 위기는 전국에 20개가 넘는 지점이 생기고 기업의 규모를 갖추기 시작했을 때였다. 이번에는 미국에서 소송이 들어왔다. 자신이 사용하고 있는 메뉴의 연예인 이름에 대해 퍼블리시티권(Right of Publicity) 침해로 손해배상소송이 들어온 것이었다. 한국에서도 '부정경쟁 방지법'이라는 이름으로 유명인의 이름이나 심지어 별명, 서명, 목소리도 함부로 쓸 수 없다는 것을 알게 되었다. 이번에는 거의 사업을 접을 정도로 큰 타격을 받았지만, 이익의 많은 부분을 넘겨주는 조건으로 겨우 합의하고 간신히 위기를 넘길 수 있었다.

그 밖에도 자잘한 위기는 끝없이 찾아왔다. 떡볶이 때문에 병에 걸렸다며 찾아와 돈을 요구하는 일은 너무 많아 셀 수도 없었고, 주방의 더러운 부분을 사진으로 가지고 있다는 협박은 귀여운 편에 속했다. 그렇게 수많은 위기를 넘기면서도 회사는 계속해서 몸집을 불려갔다. 불릴 수밖에 없었다. 회사는 자전거 같아서 성장을 멈추면 넘어지게 되어 있었다. 코비는 불안했다. 자신의 회사가 앞으로 또 어떤 일을 겪을지 몰랐고, 어느 한순간에 문을 닫을 수도 있다는 위기감이 생겼다.

그러다 지점의 직원 하나가 주방에서 담배를 물고 있는 사진이 인터넷에 퍼졌다. 직원끼리의 사소한 장난이며 CCTV 확인 결과 담배에는 불을 붙이지도 않았고, 영업시간이 끝나 조리 도구를 모두 정리하고 나가려는 참에 담배를 입에 물었다는 걸 확인했지만 그건 중요하지 않았다. 심지어는 담배가 아니라 대마초와 같은 마약이라는 소문까지 인터넷을 뒤덮었다. 매출이 곤두박질치고 경찰과 보건복지부에서 조사를 받고 기자회견을 열어 대국민 사과까지 마친 이후에 그는 가게를 시작한 지 20년 만에 처음으로 꼬박 이틀을 밥도 안 먹고 잠만 잤다. 아내는 그가 깨어나는 틈틈이 이제 더 이상 위기는 오지 않을 것이라 했지만, 코비의 생각은 달라져 있었다. 그가 침대에서 일어나 제일 먼저 한 생각은 이젠 돈을 늘리는 일보다 지키는 일에 집중해야 할 때라는 것이었다. 그리고 자신의 회사에 대해 냉정하게 생각하기 시작했다. 맛이 아니라 영어를 무기로 떡볶이를 파는 건 한계가 있다. 해외여행이 특별한 자랑이 아니게 된 시대에 사람들은 떡볶이집에서 미국을 느끼고 영어를 배우는 일을 우습게 생각할 것이다. 더구나 젊은 인구가 급격하게 줄고 있는 이 나라에서 자극적인 음식의 매출은 더욱 감소할 것이다. 이건 자신이 통제할 수 있는 문제가 아니었다. 그리고 그런 변화를 따라잡기에는 자신의 실력이 부족했다. 회사엔 수십 명의 직원이 있고, 최소한 앞으로 그들의 생계를 책임질 수 있는 사람, 젊고 능력 있는 전문 경영인이 필요했다.

회사에 출근하자마자 코비는 제일 먼저 자신의 은퇴를 발표하고, 아주 까다로운 절차를 거쳐 화려한 경력의 젊고 활기찬 전문가를 뽑아 새

사장으로 선임했다. 말리는 사람은 거의 없었다.

　경영에서 물러난 코비는 회사 주식 대부분을 처분해 현금화하기 시작했다. 그는 그 돈으로 자신의 회사와는 비교할 수 없을 정도의 대기업 주식들로 구성된 펀드를 사거나 우량 회사의 채권과 선진국 국채를 매입했다. 자신과 부인이 갑자기 아프거나 해서 급하게 돈 쓸 일을 대비해 이율이 낮은 예금에도 현금을 넉넉히 넣어 두었다. 그러나 무엇보다 이제 코비가 제일 많이 갖고 있는 것은 시간이었다. 그 시간은 사줄 사람도 없었다. 한국에서의 생활을 시작한 이후 학원에서, 가게에서, 회사에서 그는 늘 쫓기듯 살아왔었다. 하지만 아이들까지 결혼과 유학, 직장 등으로 이미 곁을 떠나 자기 생활을 시작한 지금 그는 결승점을 찾지 못하는 마라톤 선수처럼 당황했다. 그제야 그는 불현듯 고향이 떠올랐다. 이미 오래전 어머니, 아버지가 세상을 떠난 후 한 번도 찾지 않던 가난하고 구석진 자신의 고향. 지평선까지 끝없이 파도치던 알팔파. 한국에서의 물컹한 베이컨이 아닌 과자처럼 부서지는 고소한 베이컨을 먹는 동네. 그는 자기의 남는 시간 일부를 고향에 지출하기로 마음먹었다.

　그는 아내와 같이 미국의 조카들에게 줄 선물을 잔뜩 들고 미국으로 가는 비행기에 몸을 실었다. 이제는 어색해진 자신의 영어를 속으로 다듬으며 그는 고향에서 만날 누이들과 조카들을 상상했다. 그리고 그들이 원하기만 한다면 자신이 그랬던 것처럼 한국에서 살아갈 수 있도록 해줘야겠다고 생각했다. 그들이 성공하건 실패하건 최소한 한국은 그

들에게 새로운 문화와 기회를 제공해줄 테니까. 한국은 그런 점에서 결
코 미국보다 작지 않은 나라니까. 그는 일등석의 화려한 기내식도 마다
하고 아내 손을 쥔 채 깊고 행복하게 잠들었다.

Good Fail

기업가 정신

우리는 자본주의경제 체제 속에 살고 있습니다. 아니 북한, 쿠바, 이란 등 소수의 국가를 제외하면 세계의 대다수 국가들은 자본주의를 경제체제로 삼고 있습니다. 사유재산권, 경제활동의 자유 및 사적 이익 추구, 자유로운 경쟁을 통한 시장경제 체제를 자본주의의 핵심 요소라 한다면 정부, 기업, 노동자, 소비자는 자본주의를 움직이는 핵심 경제주체라고 할 수 있을 것입니다.

그런데 우리가 놓치기 쉬운 지점 중의 하나는 이 경제주체들이 고정되어 있는 것이 아니라 언제든 그 자리를 바꾸거나 여러 역할을 동시에 할 수 있다는 것입니다. 즉, 정부에 속한 공무원은 노동자로서의 성격과 소비자의 역할을 같이 지니고 있으며 기업가 역시 소비자로서의 역할을 담당하고 있다는 것입니다. 그러나 그러한 역할의 혼재 속에서도 자본주의사회를 굴러가게 하는 가장 핵심적인 역할은 기업가가 맡고 있다고 할 수 있습니다. 물론 상품 생산과 가치 창출에 있어 노동자의 역할도 절대 빠트릴 수 없지만, 자본주의의 내밀한 심장을 엿보려면 기업가에 대한 이해가 필수적이라 할 것입니다.

비정한 돈의 노예, 인간보다 이익을 우선하는 탐욕의 존재로 자주 묘사되는 자본주의 기업가는 사실 그러한 이익 추구 과정에서 그 의도와 상관없이 세계사의 발전에 기여한 측면이 있습니다. 결과적으로 그들이 만들어낸 역사적 진보를 가능하게 한 원동력을 우리는 흔히 기업가 정신이라고 높여 부릅니다. 대표적인 예를 들어볼까요?

요하네스 구텐베르크 (Johannes Gutenberg, 1400~1468)

유럽 역사를 이야기할 때 뺄 수 없는 인물, 누구나 한번은 들어봤을 이름인 구텐베르크는 인쇄술의 '발명가'라기보다 '창업가'에 가까웠습니다. 그의 행적을 따라가다 보면 우리나라 조선시대 초기에 해당하는 시기를 살았던 인물이 아니라 현대사회의 벤처 투자자에 더 가깝다는 인상을 받습니다.

그는 먼저 포도주 압축기, 쇠를 녹여 활자를 만드는 주조 합금 기술, 유성잉크라는 기존의 기술들을 하나의 생산 시스템으로 통합하여 혁신적인 인쇄 기술을 발명합니다. 그러곤 기술 발명에 그치지 않고 '출판이라는 새로운 산업'과 '지식의 대중화라는 새로운 시장'을 개척하는 데까지 사업을 밀어붙였습니다. 그는 자신이 꿈꾸는 혁신적인 사업을 위해 당시 성당 사제의 80년 치 월급에 해당하는 돈을 푸스트라는 대부업자에게 빌려 외부 투자 유치라는 위험을 감수합니다. 그러곤 사업 초기 수익 모델을 만들기 위해 당시 가장 안정적인 수익과 확실한 수요를 보장해주는 교황의 칙령이나 이름과 날짜를 뺀 면벌부를 인쇄하여 대량 인쇄술의 생산성과 비용 절감을 이룹니다. 그뿐이 아닙니다. 몇 년에 걸쳐 손으로 성경을 필사하던 당시 시대에 한 페이지에 정확하게 42행의 내용을 담은 '42행 성경'을 인쇄하여 지식 대중화의 첫걸음을 엽니다.

하지만 결국 그의 사업은 실패합니다. 너무나 컸던 사업 비용을 따라가지 못한 수익으로 푸스트에게 소송을 당하게 되고, 소송에 패한 그는 인쇄 장비 일체를 빼앗기게 되는 것입니다. 그렇다면 그는 인생까지 실패한 것일까요? 그렇지 않습니다. 그의 기술은 푸스트와 조수에게 이어져 유럽 전역으로 퍼져나갔고, 당시 마틴 루터의 종교개혁과 맞물려 인류 지성사를 뒤흔드는데 기여하게 됩니다. 그가 창조한 혁신적 기술과 비즈니스 모델은 지식의 폭발적인 대중화를 인류에게 선물한 것입니다. 기업가 정신을 말할 때 그를 빼놓고 이야기할 수 없는 이유입니다.

미국인의 떡볶이

동네 제일 작고 외진 상가를 얻어 '미국 in 떡볶이' 간판을 걸고 장사를 시작했다. 코비는 무슨 음식이든 만드는데 두려움이 없었고, 부인과 장모, 유튜브와 AI를 이용해 메뉴를 개발해 꽤 맛있다는 평가를 들었다. 가게 이름처럼 미국 냄새를 풍기기 위해 대표 메뉴는 고추장 양념에 핫소스를 섞은 후 치즈와 베이컨, 미트볼을 올려 '마이클 잭슨'이라 이름한 떡볶이였고, 다른 메뉴들에도 미국 유명 연예인의 이름을 붙였다.

우리의 주인공 제이린 코비는 자신의 고향도 아닌 곳에서 그 나라의 가장 대중적인 음식을 자신이 태어난 나라의 가장 대중적인 요소를 가미해 새로운 형태의 음식으로 만듭니다. 전문적인 외부 투자 유치만큼은 아니지만, 자기 집을 줄이고 친척의 도움으로 마련한 간절한 돈으로 모험을 시작합니다. 어느 정도 수익을 낼쯤 그에게 위기가 닥쳐옵니다.

아파트 주변의 프랜차이즈 떡볶이집들이 일제히 가격을 내린 것이었다. 손님은 눈에 띄게 줄기 시작했고, 특히 주변 입시 학원 학생들의 발걸음이 뚝 떨어졌다. 코비는 그들이 분명 동네에 새로 진입한 자신을, 특히나 외국인인 자신을 따돌리기 위해 담합한 것을 의심했지만 확실한 증거는 없었다.

자유로운 경쟁을 보장하는 시장경제 체제라 할지라도 이는 불공정 거래 행위입니다. 정부는 이에 개입하여야 하지만, 현실에서 '독점 규제 및 공정거래에 관한 법률'은 멀고 위기는 가깝습니다. 그래서 그는 새로운 돌파구를 찾습니다. 한국인에게 있어 '영어'라는 허영을, 자신이 가장 자신 있는 '영어'라는 무기로 파고든 것입니다.

"매튜, 이거 하나만 꼭 기억해. 너는 이 동네에 들어서는 순간부터 저녁에 너 다니는 학원에 출근하러 갈 때까지 무조건 영어만 써야 해. 누구라도 한국말로 물어보거나 말을 시키면 무조건 못 알아듣는 척하고 영어로만 얘기하라고.

자신보다 고급 어휘나 전문 용어에 대해서는 무식했지만 배우 같은 외모로 훨씬 많은 수강생들의 인기를 끌던 매튜는 어깨를 으쓱하며 "노 프로블럼."이라고 했다.

신도시 엄마들의 교육열은 높았고, 엄마들은 다섯 살이 될까 말까 한 아기들까지 데려와서 "헬로, 해봐 헬로." 하며 등을 떠밀었다. 매튜는 과장된 억양과 제스처로 그들의 환호를 받았고 아이들을 위해 맵지 않은 메뉴를 따로 개발해야 할 만큼 매상은 순식간에 올랐다. 가게 앞에는 긴 줄이 생기기 시작했고 매튜가 퇴근한 이후에 그 역할을 이어받은 코비에 의해 재료 소진 때까지 북적였다. 코비는 옆 가게를 인수해 테이블 수를 늘렸고 미국인 직원도 더 뽑았다."

하지만 위기는 여기에서 그치지 않습니다. 믿었던 직원의 배신과 명의도용, 기업으로의 성장을 앞두고 발목을 잡는 여러 가지 법률적 제한, 인터넷을 통한 가짜 뉴스…

결국 나이 들고 지친 그는 변화하는 시대에 맞게 전문 경영인에게 회사를 맡기고, 자신의 생애주기를 고려해 수익성보다 안전성과 유동성을 우선한 자산 관리에 나서게 됩니다.

어떤가요? 제이린 코비의 삶을 통해 기업가 정신을 느낄 수 있었나요? 하지만 그보다 먼저 묻고 싶은 것이 있습니다. 구텐베르크와 제이린 코비의 공통점, 바로 둘 다 실패를 두려워하지 않고 모험에 나섰다는 겁니다. 좋은 대학을 나와 안정적인 직장을 갖는 게 많은 젊은이들의 목표인 요즘, 여러분도 한 번쯤은 실패를 겁내지 말고 자신의 꿈에 부딪혀 보는 건 어떨까요? 어쩌면 실패는 청춘의 특권일지도 모릅니다.

자본주의는
스스로를 고칠 수 있을까?

시장의 약속과 그 한계: 가격표 없는 공기

우리는 시장을 통해 많은 문제를 해결해왔습니다. 필요한 것이 생기면 기업이 만들고, 사람들은 선택하며, 경쟁은 더 나은 품질과 더 낮은 가격을 만들어냈죠. 이런 점에서 시장은 분명 강력한 도구입니다. 하지만 모든 문제를 같은 방식으로 해결할 수는 없습니다. 특히 기후 위기처럼 시간이 오래 걸리고, 피해가 넓게 퍼지며, 당장 눈에 보이지 않는 문제 앞에서 시장은 자주 늦습니다.

시장은 '가격'으로 말합니다. 가격이 오르면 문제를 인식하고, 가격이 내려가면 안심하죠. 그러나 깨끗한 공기와 안정적인 기후에는 분명한 가격표가 붙어 있지 않습니다. 2023년 세계기상기구(WMO)의 보고서에 따르면 지난 50년간 기후 재난으로 인한 경제적 손실은 약 4.3조 달러(한화 약 5,700조 원)에 달합니다. 하지만 우리가 마트에서 물건을 사며 지불하는 가격에는 이 환경 파괴의 비용이 포함되어 있지 않습니다.

이를 경제학에서는 '외부 효과(Externality)'라고 부릅니다. 기업이 공장을 돌려 이익을 얻는 동안 발생한 매연과 폐수의 처리 비용을 기업이 부담하지 않고, 사회 구성원과 미래 세대가 대신 떠안는 현상입니다. 예를 들어 우리가 값싼 옷을 한 벌 살 때, 그 옷을 만드는 과정에서 오염된 강물과 배출된 탄소의 비용은 영수증에 찍히지 않습니다. 이런 경우 시장은 문제를 해결하기보다, 보이지 않는 곳으로 숨기거나 미래로 미루는 역할을 하게 됩니다. 그래서 시장의 효율성이라는 것은 '누군가에게 비용을 떠넘김'으로써 유지되고 있는 것은 아닌지 의심해 보아야 합니다.

시스템 속에서 책임은 누구에게 있는가

기후 문제를 이야기하면 흔히 "각자가 텀블러를 쓰고 전기를 아끼면 된다"는 말을 듣습니다. 개인의 실천은 소중하지만, 여기에는 아주 교묘한 함정이 숨어 있습니다. 거대한 구조와 시스템의 결함을 개인의 도덕성 문제로 치환해버릴 위험이 있기 때문입니다. '플라스틱을 쓴 당신이 나쁘다'는 식의 비난은 플라스틱을 대량으로 생산하고 유통하는 거대 기업들의 책임을 가려줍니다.

실제로 탄소 배출의 책임을 수치로 살펴보면 개인의 노력만으로는 한계가 명확합니다. 2023년 국제 구호기구 옥스팜(Oxfam)의 보고서 「99%를 위한 행성」에 따르면, 전 세계 소득 상위 1%가 배출하는 탄소량이 인구 하위 66%가 배출하는 양과 거의 비슷한 수준입니다. 호화 요트를 타고 전용기를 타는 사람들과, 생존을 위해 최소한의 에너지를 쓰는 사람들의 책임을 똑같이 묻는 것이 과연 공정할까요?

또한 내가 사는 도시가 자전거 도로가 하나도 없고, 대중교통보다 자동차 이용이 압도적으로 편리하게 설계되어 있다면 나의 탄소 배출은 과연 오로지 나의 '선택'일까요?

개인이 친환경적으로 살고 싶어도 그렇게 살 수 없게 만드는 시스템을 바꾸지 않은 채, 개인의 양심에만 호소하는 것은 문제를 본질적으로 해결하지 못합니다. 책임은 개인을 넘어 제도를 설계하는 정부와 거대 자본을 움직이는 기업이 나누어 져야 합니다.

위기의 시대에 커지는 불평등

기후 위기와 인공지능(AI)은 모두 불평등을 날카롭게 파고듭니다. 흔히 기후 위기를 '인류 공동의 위기'라고 부르지만, 그 파도는 낮고 약한 곳부터 덮칩니다. 2022년 파키스탄 대홍수 당시 국토의 3분의 1이 잠겼을 때, 가장 큰 피해를 본 이들은 탄소 배출에 기여한 바가 거의 없는 가난한 농민들이었습니다. 반면 부유한 국가와 사람들은 에어컨이 가동되는 안전한 건물 안에서 기후 재난을 뉴스로 소비합니다.

인공지능 역시 마찬가지입니다. 기술을 소유하고 데이터를 독점한 거대 테크기업은 막대한 이익을 거두지만, 단순 반복 업무를 수행하거나 플랫폼 노동에 종사하는 이들은 자동화의 파도 속에서 일자리를 잃거나, 더 열악한 노동 환경으로 내몰립니다. 우리나라 통계청의 2023년 가계금융복지조사 결과에 따르면, 상위 20%의 자산은 하위 20%의 약 64배에 달합니다. 기술 발전이 이 격차를 메우기보다 오히려 더 벌리는 엔진 역할을 하고 있는 셈입니다.

똑같은 규칙을 적용하는 것이 항상 공정한 것은 아닙니다. 험난한 산길을 맨발로 걷는 사람과 최신형 등산화를 신은 사람에게 "자, 이제부터 경쟁이다"라고 말하는 것은 공정이 아니라 폭력일 수 있습니다. 지속가능성을 이야기할 때 '기후 정의'와 '기술 정의'라는 단어를 함께 꺼내야 하는 이유입니다.

다른 미래를 상상하다: 기술이 구원일까?

많은 이들이 '녹색 성장'을 꿈꿉니다. 더 효율적인 전기차, 깨끗한 수소 에너지, 똑똑한 AI가 경제성장과 환경보호를 동시에 해결해줄 것이라는 믿음입니다. 우리는 기술이 모든 문제를 마법처럼 해결해줄 것이라고 믿고 싶어합니다. 하지만 효율의 향상이 반드시 소비의 감소로 이어지지는 않습니다.

역사적으로 '제번스의 역설(Jevons' Paradox)'이라고 불리는 현상이 반복되었습니다. 19세기 영국 경제학자 윌리엄 제번스는 석탄 이용 효율이 높아지면 석탄 소비가 줄어들 것이라 예상했지만, 결과는 반대였습니다. 효율이 좋아지자 사용 비용이 내려갔고, 그 결과 석탄을 쓰는 기계와 산업이 더 빠르게 확산되면서 총 소비량이 오히려 증가했습니다.

오늘날 스마트폰과 가전제품도 마찬가지입니다. 에너지 효율 등급은 날로 개선되지만, 우리는 더 크고 더 많은 기기를 더 자주 구매하고 사용합니다. 국제에너지기구(IEA) 자료에 따르면, 지난 10년간 가전제품 효율은 평균 20% 이상 개선되었지만, 전 세계 가계 에너지 사용량은 줄어들지 않았습니다. 기술은 우리에게 '더 효율적으로 소비할 방법'을 알려주지만, '덜 소비하는 방법'을 가르쳐주지는 않기 때문입니다.

그래서 일부에서는 '탈성장(Degrowth)'을 제안합니다. 이는 가난해지자는 말이 아니라, 무조건적인 숫자의 성장(GDP)이 아닌 삶의 질과 생태적 회복을 사회의 기준으로 삼자는 대담한 방향 전환입니다.

성장 이후의 삶: 다음 세대의 권리와 의무

사회의 목표가 '더 빠르게'가 아니라 '더 오래, 더 잘'로 바뀐다면, 여러분의 일상은 어떻게 달라질까요? 성공의 기준이 명문대 진학이나 대기업 입사가 아니라, 내가 속한 공동체에서 얼마나 의미 있는 관계를 맺고 나만의 속도로 성장하느냐로 바뀔 수도 있습니다.

지금의 학교는 동료를 이겨야 내가 살아남는 거대한 서바이벌 게임장처럼 느껴질 때가 많습니다. 하지만 미래의 학교는 복잡한 세상의 문제를 함께 해결하는 '협력의 실험실'이 될 수 있습니다. 청소년은 미래를 준비하기만 하는 존재가 아닙니다. 여러분은 이미 이 망가진 시스템 속에서 살아가고 있는 당사자입니다.

스웨덴의 그레타 툰베리가 학교 대신 의회로 향했던 이유는, 기성세대가 약속한 '무한 성장'이 사실은 '미래 세대의 자원을 미리 가져다 쓰는 일'임을 깨달았기 때문입니다.

지속가능한 사회는 그저 뛰어난 천재가 발명한 새로운 배터리 하나로 만들어지지 않습니다. 우리가 무엇에 더 가치를 두고, 어떤 불편함을 기꺼이 감수할 것이며, 누구와 함께 걸어갈 것인지에 대한 '집단적 선택'

에서 시작됩니다. 미래는 이미 정해진 결말이 있는 영화가 아닙니다. 우리가 오늘 던지는 '이대로도 정말 괜찮은가?'라는 불편한 질문들이 내일의 지도를 다시 그리는 펜이 될 것입니다.

생각해보기

보이지 않는 가격표 찾기: 우리가 일상에서 저렴하게 이용하지만, 실제로는 지구 환경이나 먼 나라 노동자들에게 큰 비용을 떠넘기고 있는 서비스나 물건은 무엇일까요?

책임의 비율: 기후 위기 해결을 위해 '개인의 실천'과 '정부·기업의 시스템 변화'의 비중을 퍼센트로 나타낸다면 각각 몇 퍼센트가 적당하다고 생각하나요? 그렇게 생각한 이유는 무엇인가요?

불평등과 기술: 인공지능이 인간의 일자리를 대체한다면, 그로 인해 발생하는 막대한 이익은 누구의 것이 되어야할까요?

행복의 기준: 만약 우리 사회가 더 이상 경제성장(GDP) 수치만을 목표로 하지 않는다면, 국가의 '성공'을 재는 새로운 지표에는 어떤 것들이 들어가야 할까요?

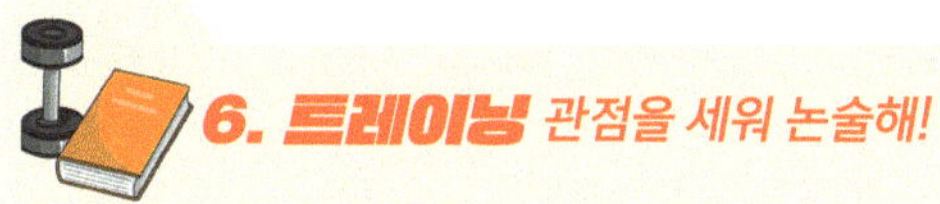

트럼프 행정부의 관세 정책이
한국 경제에 미치는 영향

트럼프 미국 대통령은 '미국 우선주의' 정책을 내세워 높은 관세를 부과하고 있습니다. 그는 "미국을 다시 위대하게(Make America Great Again)"라는 구호 아래 외국에서 들어오는 물건에 더 많은 세금을 매겨 미국 기업을 보호하려는 정책을 펼치고 있습니다. 이 정책이 한국 경제에 미치는 영향을 다양한 측면에서 분석해봅시다.

〈자료1〉 트럼프 행정부의 관세 정책과 한국 수출 산업에 미치는 직접적 영향

트럼프 미국 대통령은 모든 수입품에 대해 10~20% 수준의 '보편 관세'를 부과하는 정책을 추진하고 있으며, '트럼프 상호무역법'을 통해 상대국의 관세 수준에 맞춰 추가 관세를 매기는 상호주의 관세 정책을 강화하고 있습니다. 특히 중국에 대한 의존도를 낮추겠다는 방침 아래, 중국산 수입품에는 최대 60%의 고율 관세를 적용하는 방안을 추진하고 있습니다. 이런 정책이 실제 시행될 경우 한국의 수출 경제에도 큰 타격을 줄 것으로 예상됩니다.

미국과 중국은 각각 한국 수출의 약 18.3%, 19.7%를 차지하는, 한국의 2대 수출 시장(2023년 기준)입니다. 두 나라에서 관세 장벽이 높아지면 한국 제품의 가격 경쟁력이 약해지고, 수출 물량도 줄어들 수 있습니다. 특히 자동차, 석유화학, 반도체, 이차전지처럼 미국 시장 의존도가 높은 산업은 직접적인 영향을 받게 됩니다. 미국 정부는 자동차와 철강 등 주요 품목에 이미 높은 관세를 적용해왔으며, 최근에는 한국산 제품 전반에 대해 25%의 관세를 부과하겠다는 방침을 통보하며 압박을 강화하고 있습니다.

이는 한국의 대미 무역 흑자가 크게 늘어난 상황과 맞물려 제기된 조치입니다. 자동차 수출 증가 등의 영향으로, 2024년 한국의 대미 무역 흑자는 전년 대비 25% 늘어난 556억 달러로 확대되었습니다. 트럼프 대통령은 한국이 보복 관세로 대응할 경우 추가 관세를 더 부과하겠다는 입장을 밝히며 통상 압박 수위를 높이고 있습니다.

1. 트럼프 대통령이 추진하는 주요 관세 정책(보편 관세, 대중국 고율 관세 등)의 구체적인 내용을 정리해 보세요. 그리고 이러한 정책이 한국의 주요 수출 산업(자동차, 반도체, 이차전지 등)에 어떤 직접적인 피해를 줄 수 있는지 서술해 봅시다.

2. 최근 한국에 통보된 25% 관세 부과 방침과 관련하여, 한국의 대미 무역 흑자가 이러한 관세 압박에 어떻게 영향을 미치고 있는지 설명해 보세요. 또한 같은 관세 정책이 한국의 특정 산업(예: 자동차 산업)에 미치는 영향이 경쟁국(예: 일본)보다 더 크게 나타날 수 있는 이유를, 시장 의존도와 수출 구조를 중심으로 분석해 봅시다.

트럼프 2기 행정부는 단순히 관세 부과를 넘어, 무역정책의 불확실성을 크게 높여 한국 경제에 간접적으로도 부정적인 영향을 미칠 수 있습니다. 정책의 방향을 예측하기 어려워지면 기업들은 투자나 고용 등 중요한 결정을 미루거나 축소할 수 있습니다. 실제로 미국 무역정책 불확실성 지수는 트럼프 2기 출범 이후 사상 최고치를 기록했습니다.

이러한 높은 불확실성이 지속되면 향후 4분기 동안 한국의 GDP가 0.5% 하락할 수 있다고 분석됩니다. 이는 관세 부과로 인한 직접적인 충격과 비슷한 수준으로, 불확실성 자체가 실물 경제에 큰 영향을 미친다는 것을 의미합니다. 과거 트럼프 1기 행정부 시절 미중 무역 분쟁(2018-2019년) 동안에도 무역정책 불확실성은 한국 GDP에 평균 0.2% 정도의 부정적 영향을 미친 것으로 평가됩니다.

이러한 어려운 상황에 대응하기 위해 한국은 수출 시장 다변화, 공급망 재편, 통상외교 강화, 첨단 산업 경쟁력 강화 등 여러 전략을 모색하고 있습니다.

1. 미국 트럼프 행정부의 무역정책이 단순한 관세 부과를 넘어 '무역정책 불확실성'이라는 측면에서 한국 경제에 어떤 영향을 미치는지 설명해 보세요. 그리고 이런 불확실성이 실물 경제(기업 투자, 고용, 소비, 성장률 등)에 미치는 충격의 특징을 구체적으로 서술해 봅시다.

2. 미국의 보호무역주의 강화와 무역정책 불확실성 확대에 대응하기 위해 한국이 취할 수 있는 장기적이고 다각적인 대응 전략을 생성형 인공지능의 도움을 받아 구체적으로 서술해 보세요.

▶ 자유무역은 효율성과 소비자 이익을 통해 경제 성장을 촉진한다는 장점이 있다. 반면, 보호무역은 산업 보호, 고용 유지, 국가 안보 같은 가치를 지켜 장기적인 안정과 자립을 가능하게 한다는 주장도 있다. 두 입장 중 어느 쪽이 더 타당하고, 그 이유는 무엇인가?

▶ 자유무역은 저숙련 노동자의 일자리를 줄이고 소득 불평등을 심화시킬 수 있다는 비판을 받는다. 그러나 보호무역 역시 혁신을 늦추고 특정 기업이나 산업에 특혜를 줘 또 다른 불평등을 낳을 수 있다는 지적이 있다. 두 정책 중 어느 쪽이 불평등 문제 해결에 더 적절하고, 왜 그렇게 생각하는가?

▶ 무역정책으로 인해 피해를 입는 산업이나 노동자가 발생할 수 있다. 이때 정부는 어디까지 책임을 져야 하고, 이를 실질적으로 지원할 방안과 사회 안전망은 어떻게 설계되어야 하는가?

▶ 자국 산업을 보호하는 자국 우선주의 정책과 다자주의적 무역 협력은 때때로 충돌한다. 이상적인 무역정책은 어떤 모습이어야 하는가? 한 국가의 보호무역 강화가 세계 경제에 어떤 영향을 미칠 수 있는가?

세계화와 평화

평화에 이르는 길

세계화와 평화

1. 세계화의 양상과 문제점
❶ 세계화와 지구 공동체　❷ 세계화의 문제점과 해결 노력

2. 국제사회와 평화
❶ 평화의 의미와 소중함　❷ 세계 평화를 위한 행위 주체의 역할

3. 남북한 및 동아시아와 세계 평화
❶ 남북 관계와 세계 평화　❷ 동아시아와 세계 평화

　세계화는 교통·통신 기술의 비약적 발달과 국가 간 개방 확대로 국경의 장벽이 낮아지고, 전 세계가 하나의 공동체처럼 긴밀히 연결되는 현상을 의미합니다. 세계화는 정치·경제·문화 등 사회 전반에 걸쳐 상호 의존성을 강화하는 동시에, 어떤 지역의 고유한 특성이 세계적 가치를

얻는 지역화 현상과 맞물려 진행되기도 합니다.

경제 영역에서는 다국적 기업이 이윤을 극대화하기 위해 본사, 연구소, 생산 공장을 전 세계에 나누어 배치하는 공간적 분업이 보편화되었습니다. 이 과정에서 세계경제의 의사결정과 정보가 집중되는 세계 도시들이 출현하여 국제적 중심지 역할을 수행합니다. 문화적으로는 정보통신의 발달로 한류 같은 특정 지역의 문화가 전 세계로 확산되고, 인류 보편의 문제를 함께 해결하려는 세계시민 의식이 형성되는 긍정적 변화도 가져왔습니다.

그러나 세계화는 다양한 문제를 동반하기도 합니다. 첫째, 문화의 획일화와 소멸 문제입니다. 거대 자본을 바탕으로 한 특정 국가의 문화가 주류가 되면서 각 지역의 소중한 고유문화가 정체성을 잃고 사라질 위험에 처해 있습니다. 둘째, 경제적 격차의 심화입니다. 고부가가치 지식 산업을 독점한 선진국과 저임금 노동 집약적 산업에 머무는 개발도상국 간의 빈부 격차가 더욱 확대되는 양상을 보입니다. 셋째, 보편 윤리와 특수 윤리의 충돌입니다. 인권과 민주주의 같은 보편 윤리가 특정 사회의 오랜 관습이나 종교적 가치인 특수 윤리와 충돌하며 갈등을 빚기도 합니다.

이러한 갈등을 극복하기 위해서는 문화 다양성을 존중하는 태도를 바탕으로, 공정 무역과 국제 원조를 통해 경제적 불평등을 완화해야 합니다. 또한 보편적 가치를 지향하되 각 지역의 특수성을 성찰적으로 수

용하는 균형 잡힌 세계시민의 자세가 요구됩니다.

평화의 개념은 보통 소극적 평화와 적극적 평화로 구분됩니다. 소극적 평화는 전쟁·테러·폭행처럼 눈에 보이는 직접적 폭력이 없는 상태를 뜻하고, 적극적 평화는 빈곤·차별·불평등과 같이 인간의 존엄성과 잠재력을 해치는 구조적·문화적 폭력까지 줄어든 상태를 의미합니다. 진정한 평화는 소극적 평화를 넘어 인간의 존엄성이 보장되는 적극적 평화의 실현을 통해 완성됩니다.

국제 평화는 다양한 주체들의 유기적인 협력을 통해 유지됩니다. 국가와 정부가 참여하는 국제기구(IGO)는 외교적 협상과 국제법 제정을 통해 갈등을 중재하고, 국제 비정부 기구(NGO)는 인권 보호, 환경 보전, 구호 활동 등 인도주의적 차원에서 국경을 넘어 실천을 이어갑니다. 또한 세계적인 영향력을 가진 개인도 국제 여론을 움직이고 갈등 해결에 기여하는 중요한 행위 주체로 기능합니다.

한반도의 분단은 냉전체제라는 국제적 요인과, 민족 내부의 대립이라는 국내적 요인이 복합적으로 작용하여 발생하였습니다. 분단 구조는 지금까지도 한반도의 안전과 동북아 평화를 위협하고 있으므로, 이를 완화하기 위한 남북 간 인도적 교류와 군사적 긴장 완화, 평화 정착 노력이 계속되어야 합니다.

아울러 중국의 동북공정이나 일본의 독도 영유권 주장과 역사 왜곡 같은 동아시아의 역사 갈등도 지역 내 평화를 해치는 요소입니다. 이를 극복하기 위해 국가 간 공동 역사 연구와 학술 교류, 차세대 청소년 교류 확대 등 상호 신뢰를 구축하기 위한 실천적 노력이 병행되어야 합니다.

세계 평화를 실현하기 위해서는 개발도상국에 대한 지원과 국제적 빈곤 퇴치, 기후 위기 대응과 같은 전 지구적 차원의 노력이 필요합니다. 이처럼 국경을 넘어 인류 공통의 문제에 책임감을 느끼는 세계시민으로서, 비판적 성찰과 적극적인 참여를 통해 인류가 공존할 수 있는 평화로운 미래를 만들어가야 합니다.

②툰

고향을 만들어 주세요

1
자, 이들이 탄생할
운명의 장소를 분류해서
나한테 보내주면 돼!
처음이지만
잘 할 수 있지?

2
넵 선배님!
천사의 명예를 걸고
열심히 하겠습니다!
대충 끝내고
집에 가서 쉬어야지.

3
자, 바나나 씨!
바나나는
필리핀이 유명하니까
필리핀에 가서
서세요!

4
이보세요 천사 씨!
저는 인도로 배정받았어요!
인도가 세계에서
바나나를 제일 많이
생산한다고요!
INDIA

5
하하…
다음 소 씨!
소하면 호주니까
호주로 가셔야
되겠죠?

6
이봐 천사 양반!
난 브라질로 갈
운명이야!
왜 자꾸 넘겨짚어?
항의할 거야!
죄…
죄송해요!
BRAZIL

7
저기요,
전 한국 스마트폰인데요…
한국에 줄 섰더니
여기로 와서 탄생지를 다시
분류받으래요…

8
전 한국 기업
제품이지만 제 콘덴서의
콜란이란 물질은
아프리카 콩고산이고,
도금처리는 러시아산
팔라듐이거든요.

9
…렌즈는 중국산이고,
배터리의 리튬은 아르헨티나,
케이스는 석유 플라스틱이니
사우디아라비아…?
대체 어디로
분류해야 되지?

10
에잇
나도 모르겠다!
그냥 분해해서
각각의 탄생지로
분류할게요!

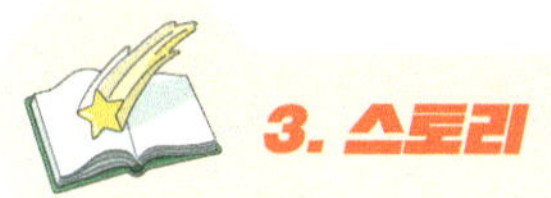

도깨비방망이는 위험해

강원도 산속 어느 마을에 땅 한 평 없이 살아가는 가난한 형제가 있었다. 동생은 오랜 병으로 누워 있는 부모를 극진히 돌보면서 자기보다 어려운 이웃을 돕는 마음씨가 좋은 사람으로 동네 사람들로부터 칭찬이 자자했다. 반면 형은 자기밖에 모르는 개차반에 천성이 게을러, 일하기는 싫어하면서 남의 물건이라도 제 맘에 들면 어떻게든 손에 쥐려고 갖은 짓을 다하는 욕심쟁이였다.

하루는 동생이 버섯 따는 일감을 얻어 산에 들어가 한참 일하다가 너무 더워 개암나무 그늘에서 잠시 쉬고 있었는데, 잘 익은 개암 열매들이 뚝뚝 떨어져 부모님께 드리려고 주머니에 소중히 넣어 두었다. 그 이후에도 몇 개가 더 떨어지자 형 내외 생각에 챙겼고, 얼마 지나 열매들이 더 떨어지자 자기 가족 생각에 하나도 빠짐없이 주워 비닐봉투에 담았다. 그리고 다시 일하다보니 해가 저물고 핸드폰 배터리도 다 되어

급한 마음에 서두르다 길까지 잃었다. 동생은 한참을 헤매다 겨우 쓰러져가는 빈집을 찾아 들어가게 되었다.

밤이슬이나 피하고 날이 밝으면 길을 나서려는 생각에 집 안을 살피던 동생은 밖에서 괴상한 소리가 들리자 깜짝 놀라 대들보로 올라가 몸을 피했다. 곰곰이 살펴보니 이 집은 도깨비들의 집이었고, 무슨 좋은 일이 있는지 대문에 들어오자마자 각자 방망이를 휘두르며 신나게 어깨춤을 추었는데, 한 녀석이 출출했던지 방망이를 땅에 대고 "밥 나와라!" 하자 뚝딱 소리가 나더니 밥이며 국이며 고기가 한가득 차려진 큰 상이 떡하고 나타났다. 도깨비들은 낄낄거리며 모여 앉아 게걸스럽게 음식을 퍼먹었는데, 어찌나 맛있게 먹던지 그걸 지켜보던 동생도 배가 고파져 참을 수 없을 지경이었다.

그렇다고 내려가 한자리 끼워달라고 할 수는 없어서, 마침 주머니에 들어 있던 개암을 하나 꺼내 깨물었는데 "딱!" 하는 소리가 너무 크게 났다. 도깨비들은 이 낡은 집이 무너지는 소리로 잘못 알고 깜짝 놀라 허둥지둥 도망가 버렸는데, 얼마나 급하게 내뺐는지 방망이가 여러 개 떨어져 있었다. 대들보에서 서둘러 내려온 동생은 온종일 어렵게 딴 버섯들을 모두 버리고, 대신 떨어져 있는 방망이들을 한가득 묶어 배낭에 넣은 다음, 떠오르는 해를 길잡이 삼아 서둘러 집으로 돌아왔다.

밤새 돌아오지 않는 남편을 기다리며 밤을 꼬박 지낸 동생의 부인은 그가 집에 들어서자 맨발로 나와 반겼는데, 전화는 왜 안 받은 것이냐, 걱정되어 죽을 뻔했다는 말만 할 뿐 배낭 밖으로 삐죽 나와 있는 도깨비방망이에 대해서는 한마디 말이 없었다. 그가 이상해서 어제 있었던 일을 대충 이야기하며 그 증거로 배낭을 가리키자, 부인은 이 양반이 산짐승이 무서워 빈 배낭에 정신만 따로 빼서 담아왔냐며 타박했다. 동생의 눈에는 똑똑하게 보이는 도깨비방망이가 다른 사람의 눈에는 안 보이는 것이 분명했다.

동생은 한 손은 방망이를, 다른 손은 부인의 손을 잡고 방으로 들어가 도깨비가 하듯 "밥 나와라!" 하고 외치자, 어젯밤처럼 어마어마한 밥상이 뚝딱하고 나타났다. 동생은 기절 일보 직전인 부인을 보고 씩 웃더니, 이번엔 "금 나와라!" 하고 외쳤다. 그러자 아기 팔뚝만 한 금덩이가 뚝딱하고 나타났다. 부인은 웃는지 우는지 알 수 없는 이상한 표정을 짓더니 그 자리에서 기절했다.

동생은 금을 판 돈으로 제일 먼저 산을 샀고, 산 중턱에 대충 동굴을 만든 뒤 산 주변에 높은 철조망을 친 다음, 입구에 "방망이 광산"이라고 쓴 간판을 내걸었다. 그는 정식으로 광산 사업자로 등록했고, 누가 봐도 합법적으로 광산을 개발하는 사람으로 보이게 했다. 그는 자기가 판 동굴에 들어가 "금 나와라!" 하면 뚝딱 나오는 금덩이들을 내다 팔았고, 그에 따른 소득세와 법인세를 성실하게 납부했다.

그가 어마어마한 부자가 되었다는 소식은 금방 퍼졌다. 온갖 사람들이 몰려들어 금 한 조각을 애원했지만, 높은 철조망 너머의 그를 만날 수는 없었다. 잃어버린 방망이를 찾기 위해 도깨비들도 떼로 몰려왔으나, 최신식 보안 시설과 전기충격기 등으로 무장한 보안 요원들을 뚫을

수는 없었다. 은근히 뒷돈을 바라고 찾아온 지역 정치인, 온몸을 흉한 그림으로 도배하고 와서 광부로 받아달라고 드러눕던 깡패들, 자칭 투자자라 하면서 온갖 사업을 권유하는 사기꾼…. 매일같이 이들을 뿌리치는 일은 김치 없이 밥 먹는 것만큼 고역이었다.

그런데도 제일 힘들고 뿌리치기 어려운 사람은 바로 형이었다. 형은 동생으로부터 충분한 돈과 집을 받았지만, 그 넓은 집과 많은 돈으로 부모님을 모시고 사는 일에는 질색이었고, 매일같이 광산에 나와 금이 어디서 나오는지를 염탐했다. 하지만 결국 그가 알아낼 수 있는 것은 없었고, 소득 없는 일에 지쳤는지, 동생한테 공짜로 얻은 돈을 아낌없이 쓰는데 바빴는지, 차츰 발길을 끊었다.

그렇게 사람들에게 지치면서도 그가 몰래 숨어 매일 방망이를 두드리며 금을 뽑아내는 데에는 그만한 이유가 있었다. 그건 자기가 아는 모든 사람들이 부자가 되었으면 좋겠다는 생각 때문이었다. 자신이 겪은 지긋지긋한 가난을, 자기가 아끼는 그 누구도 겪지 않는 세상을 만들고 싶었다. 원하는 걸 모두 갖게 된다면 사람들은 싸우거나 화낼 일도 없을 테고, 특히 자기 형처럼 사람들에게 손가락질받을 일도 없겠다고 생각했다. 하지만 세상은 그렇게 만만하지 않았다.

한 달도 되지 않아 금값이 하루가 다르게 떨어지기 시작했다. 순식간에 한국은 미국 다음으로 세계에서 가장 많은 금을 보유한 국가가 되었지만, 그 사실은 별 의미가 없어졌다. 한국에서 엄청난 금광이 발견되어 하루에도 트럭 한 대분이 넘는 순 금덩이들이 쏟아진다는 소식이 퍼

지자, 세계 금 시장에서 금 가격은 폭락하
기 시작했다. 세계적인 금광 개발, 금 가
공, 유통 업체들이 문을 닫았고, 그 과정
에서 실업자들이 쏟아졌다. 금 관련 주식

과 ETF에 투자한 사람들은 졸지에 평생 모은 자산을 잃었고, 스스로
목숨을 끊는 사람들까지 나오기 시작했다. 세계경제가 대혼란에 빠져
들었다. 금 가격이 폭락하자 새로운 투자처를 찾는 자금들이 주식으로
몰리기 시작했지만, 주식시장의 호황도 오래가지 못했다.

사람들은 주식도 경제시스템의 붕괴에 따른 피해를 피할 수 없을 거
라는 불안에 더욱 안전한 자산에 눈을 돌렸다. 미국 달러와 국채의 가
치가 상승했지만 그것도 오래가지 못했다. 방망이 광산에서 쏟아지는
막대한 금 때문에, 핵심 보유 자산이던 금 가격이 구리 수준으로 떨어
지자 각국 중앙은행의 자산 가치가 급락하며 글로벌 금융 시스템에 대
한 신뢰가 흔들리기 시작했다. 기축통화국인 미국조차 달러 가치 방어
에 비상이 걸렸다.

미국은 분노했고, 즉시 한국 정부에 금 생산 중단을 강력히 요구했
다. 세계 최대 금 소비국인 중국 역시 금 생산을 멈추지 않으면 한국에
대한 희토류 수출을 전면 중단하겠다고 으름장을 놓았다. 하지만 지금
생산을 멈추면 금 가격 통제권을 놓칠 수 있어 한국 정부가 생산량 조
절이라는 카드를 쥐고 시간을 끄는 사이, 금을 기초 자산으로 파생상품
을 팔았던 월스트리트의 대형 투자 은행들이 연쇄 부도 위기에 몰렸다.
이 소식은 곧바로 미국 증시를 강타했고, 세계경제에 대공황의 기미가

보이자 미군 특수부대가 개입할 것이라는 소문까지 언론에 등장했다.

동생은 당황했다. 그저 많은 사람들이 돈 걱정 없이 살게 해주고 싶다는 생각에 매일매일 팔 아프게 방망이를 두드렸을 뿐인데, 온 세계가 자신을 두려워하고 미워하고 있었다. 광산 앞에는 전 세계에서 감당할 수 없을 만큼 많은 시위대가 몰려와 그를 저주했고, 인터뷰를 요청하는 언론사의 전화 때문에 광산은 업무를 볼 수가 없었다. 광산 상공에는 그를 찾으려는 헬기와 드론이 새까맣게 떠 있었다. 방송에는 "우리가 부주의하게 방망이를 잃어버려 세계 사람들에게 고통을 주게 되어 죄송하다"고 사과하는 한국도깨비협회 임원들의 기자회견도 나왔다.

그는 자기 방 깊숙이 숨겨 놓았던 도깨비방망이들을 꺼냈다. 사실 세상이 어떻게 되든 그 방망이들을 쓰면 그는 그 어떤 위협이나 압력도 이겨낼 수 있었다. 하지만 그건 자기 혼자만 잘사는 방법이었다. 그건 그가 원한 것이 아니었다. 그는 사장실 한가운데 유리로 전시해 둔 그날의 개암 열매를 꺼내 세게 깨물었다.

"딱!"

그동안 흐려졌던 그의 머리를 때리는 소리와 함께, 그는 이제 방망이들이 본래 주인에게 돌아갈 때가 되었음을 깨달았다. 그는 크게 숨을 한번 쉰 뒤, 방송을 보며 적어 두었던 한 전화번호를 찾아 전화를 걸었다. 멀리서 풀 죽은 목소리가 들려왔다.

"네, 한국도깨비협회 회장실입니다."

너와 나의 연결고리

나비효과(butterfly effect)

1961년 미국의 기상학자 에드워드 로렌츠(Edward N. Lorenz)는 기상관측을 하다가 놀라운 사실을 발견했습니다. 아주 작은 숫자의 차이가 완전히 다른 날씨 예측을 만들어낼 수 있다는 것이죠. 나비의 날갯짓 같은 작은 변화가 시간이 흐르면 태풍을 일으키는 어마어마한 결과로 이어질 수 있다는 것입니다. 물론 현실에서 나비 한 마리가 진짜 태풍을 만들 수는 없겠죠. 하지만 컴퓨터로 계산하는 예측 프로그램 속에서는 아주 작은 숫자의 차이가 계산을 거듭하며 눈덩이처럼 커져 그런 엄청난 결과를 만들어낼 수도 있다는 것입니다.

수학과 과학 분야의 용어로 출발하여 뒷날 물리학에서 말하는 카오스 이론의 토대가 된 이 원리는, 이제 지구의 한 지역에서 일어나는 아주 작은 일이 전혀 관계없어 보이는 커다란 결과를 전 세계적으로 가져오는다는 말로 사용되고 있습니다. 요즘 같은 세계화 시대에 자주 등장하는 말입니다.

바다를 처음 본 할머니

충청북도 단양에는 피화기(避禍基) 마을이 있습니다. '화(禍)'를 피하는 곳'이라는 뜻으로, 임진왜란이나 한국전쟁 등 우리 역사 속에서 일어난 큰 화를 피한 곳이라는 의미입니다. 이 마을은 소백산 깊은 곳, 해발 700m 내외의 고지대에 자리 잡고 있어, 마을로 들어오는 길이 워낙 험하고 깊었습니다. 통신수단이나 인적 교류가 거의 없었던 덕분에 전쟁의 피해를 피해갈 수 있었던 것이죠. 우리 영화 「웰컴 투 동막골」을 떠올리면 이해하기 쉬울 것입니다.

2017년 한 방송에서는 바다를 처음 보는 할머니의 이야기가 나온 적이 있습니다. 전라남도 곡성군에 사시는 90세 할머니가 깨복쟁이 친구와 함께 태어나 처음으로 바다를 보기 위해 여행을 떠나는 이야기였습니다. 지금으로부터 10년도 되지 않았던 때이니, 이미 KTX가 다니던 시기였고, 외진 동네도 아니었으며 교통도 그리 나쁘지 않았습니다. 할머니가 몸이 불편하신 것도 아니었습니다. 그런데 어떻게 삼면이 바다인 이 크지 않은 나라에서 처음으로 바다를 보시게 된 걸까요? 방송 설명에는, 할머니가 90세가 되시도록 "먹고살기 바빠서"라고 했습니다.

방송 말미, 바다 앞에 선 할머니가 "사랑이 뭐야? 친구랑 같이 여행

온 것이 사랑이야! 먼저 죽으면 큰일 나. 나한테! 한날한시에 죽어."라고 말씀하시던 장면에 가슴이 먹먹해졌습니다. 아직도 여러 이유로 세상과 떨어져 사시는 분들이 계시는구나, 하는 생각에 참 안타까웠습니다.

그러나 이젠 더는 그런 이야기가 나오기 어려울지도 모릅니다. 오지에 들어가 혼자 사시는 분들을 대상으로 한 어떤 방송에서는, 그분들을 찾아내기 위해 항공 지도나 위성 사진까지 이용한다고 합니다. 이제 세상에 더는 완전히 숨을 곳이 없는 셈입니다.

'금 나와라. 뚝딱'의 위험성

이제 세상은 온갖 통신 방법과 갈수록 빨라지는 교통으로 아주 밀접하게 연결되었습니다. 경제적 성장과 여가 시간의 확대는 이러한 현상을 더욱 심화시킵니다. 국내뿐만 아니라 다른 나라와의 관계도 마찬가지입니다. 그 연결은 단순한 연결에 그치지 않습니다. 서로에게 아주 구체적인 정보와 피할 수 없는 영향을 줍니다. 그래서 이제는 더는 피화기 마을이나, 바다를 처음 보는 할머니나, 완전히 세상과 단절된 '자연인'이 존재하기가 점점 어려워지고 있습니다.

우연히 도깨비방망이를 손에 넣어 모든 사람을 부자로 만들고자 했던 착한 동생의 계획도 마찬가지입니다. 그의 선한 의도와는 전혀 다른 방향으로 사태는 전개됩니다. 그것도 아주 크게 말이죠.

한국에서 엄청난 금광이 발견되어 하루에도 트럭 한 대분이 넘는 순금덩이들이 쏟아진다는 소식이 퍼지자, 세계 금 시장에서 금 가격은 폭락하기 시작했다. 세계적인 금광 개발, 금 가공, 유통 업체들이 문을 닫았고, 그 과정에서 실업자들이 쏟아졌다. 금 관련 주식과 ETF에 투자한 사람들은 졸지에 평생 모은 자산을 잃었고, 스스로 목숨을 끊는 사람들까지 나오기 시작했다. 세계경제가 대혼란에 빠져들었다.

도깨비방망이가 불러온 나비효과입니다. 한국의 깊은 산골에서 시작된 일이 전 세계 경제를 뒤흔듭니다. 그런데 이제 이런 일은 낯선 일이 아닙니다. 중동 지역의 분쟁은 석유 가격을 올리고, 곧바로 차를 운전하는 부모님의 지갑을 가볍게 합니다. 우리 전통문화를 소재로 한 만화영화 한 편이 영상 전문 플랫폼에 올라 전 세계를 열광하게 만들고, 국립박물관의 기념품을 동나게 하며, 한국을 찾은 관광객들에게 한복을 입어보게 합니다. 그에 따라 항공·숙박·식품·의류·공예 관련 산업이 함께 성장합니다. 이런 세계화의 사례는 셀 수 없이 많고, 반대로 우리가 다른 나라의 영향을 받는 경우도 매우 흔합니다.

피할 수 없는 세계화

좋든 싫든, 세계화는 이제 피하기 어려운 현실입니다. 북극의 이누이트들은 개썰매 대신 스노모빌을 타고 다니고, 아마존 정글의 부족들은 아디다스 티셔츠를 입고 화살과 독침 대신 미국제 사냥총과 나일론으로 만든 그물을 씁니다.

점점 더 세계의 주목을 받는 한국에 살고 있는 여러분의 구체적인 삶 속에도 세계화는 이미 깊이 스며들어 있습니다. 그렇다면 앞으로 우리는 어떻게 살아가야 할까요? 작고 아늑한 내 방 안으로만 숨어들 건가요? 아니면 세계를 무대로 여러분의 발자국을 세계 이웃의 많은 나라들에 남길 건가요? 넓은 세계가 여러분을 기다리고 있습니다. 그곳에서 여러분의 꿈이 열매 맺기를 기대합니다.

연결된 세계, 분열된 평화

만 원짜리 티셔츠가 우리에게 오기까지

우리가 입고 있는 옷의 목 뒷부분에 달린 라벨을 확인해본 적이 있나요? 'Made in Bangladesh', 'Made in Vietnam'. 편의점에서 사는 간식부터 매일 사용하는 스마트폰까지, 우리 삶의 모든 영역은 전 세계와 연결되어 있습니다. 우리는 이것을 '세계화(Globalization)'라고 부릅니다. 1990년대 이후 세계화는 국경의 벽을 낮추고 지구촌을 하나의 시장으로 묶었습니다. 우리는 덕분에 역사상 그 어느 때보다 저렴한 가격으로 많은 물건을 소비하며 풍요를 누리고 있습니다.

하지만 이 풍요로운 연결 이면에는 우리가 쉽게 보지 못했던 거대한 그림자가 드리워져 있습니다. 세계는 더 촘촘히 연결되었지만, 그 연결의 끈을 따라 흐르는 이익은 모두에게 공정하게 돌아가지 않았습니다. 또한 경제적 상호의존이 깊어지면 전쟁이 줄어들 것이라는 기대와 달리, 오늘날 지구촌 곳곳에서는 여전히 총성이 끊이지 않습니다. 세계화는 정말 우리 모두를 풍요롭게 했을까요? 그리고 왜 기술과 문명이 이렇게 발달한 오늘날에도 전쟁은 반복되고 있을까요?

라나 플라자의 비극과 보이지 않는 비용

2013년 4월 24일, 방글라데시의 의류 공장 밀집 건물인 '라나 플라자(Rana Plaza)'가 붕괴했습니다. 이 사고로 1,134명이 사망하고 2,500여 명이 부상을 입었습니다. 더 놀라운 사실은 사고 전날 이미 건물 외벽의 큰 균열이 발견되었다는 점입니다. 그러나 공장주들은 다국적 의류 브랜드의 납기일을 맞추기 위해, 노동자들에게 "일하러 나오지 않으면 해고하겠다"고 압박했고, 노동자들은 무너져가는 건물 안에서 재봉틀을 돌려야 했습니다.

선진국 소비자가 누리는 저렴한 가격은 사실 개발도상국 노동자의 안전과 맞바꾼 결과였습니다. 빈민구제를 위한 비정부기구인 옥스팜(Oxfam, 2024)의 보고서에 따르면, 전 세계에서 가장 큰 5대 다국적 기업의 총수익은 2020년 이후 3년 만에 2배 이상 증가했지만, 전 세계 노동자들의 실질 임금은 정체되거나 되레 줄어든 곳이 많습니다. 우리가 지불하는 옷값 중 실제 노동자의 손에 쥐어지는 돈은 제품 가격의 1~2%에도 미치지 못하는 경우가 많습니다.

데이터로 보는 심화되는 불평등

세계화는 국가 간 부의 격차를 줄이는데 어느 정도 기여했지만, 국가 내부의 불평등은 역사적 수준으로 심화되었습니다.

소득 불평등 (World Inequality Report, 2022): 전 세계 상위 10%가 전체 소득의 약 52%를 차지하는 반면, 하위 50%는 전체 소득의 겨우 8.5%만을 가져갑니다. 이는 세계화의 혜택이 자본과 기술을 선점한 소수 계층에만 집중되었음을 보여줍니다.

자산의 극단적 쏠림 (Oxfam, 2024): 지난 10년간 세계 최상위 부자 5명의 자산은 4,050억 달러에서 8,690억 달러로 폭증했습니다. 같은 기간 동안 약 50억 명의 전 세계 인구는 더욱 가난해졌습니다.

디지털 격차와 교육 (UNESCO, 2023): 세계화는 지식 기반 사회를 만들었지만, 저소득 국가 어린이의 33%는 여전히 인터넷 혜택을 받지 못합니다. 이는 정보의 비대칭을 낳고, 결과적으로 가난이 대물림되는 구조적 원인이 됩니다.

우리는 편리함을 누리는 소비자인 동시에, 이 불공정한 구조를 지탱하는 시스템의 일원이기도 합니다. 우리의 소비가 누군가의 고통 위에 세워진 것은 아닌지 성찰하는 '윤리적 소비'가 중요한 책임으로 다가오는 이유입니다.

총성이 울리기 전 시작되는 '구조적 폭력'

전쟁을 떠올리면 우리는 먼저 총성과 폭격을 생각합니다. 하지만 대부분의 전쟁은 총이 발사되기 훨씬 이전, 눈에 잘 보이지 않는 갈등의 축적 속에서 이미 시작됩니다. 평화학자 요한 갈퉁(Johan Galtung)은 물리적 폭력이 없는 상태를 '소극적 평화'라고 부르고, 빈곤·차별·억압처럼 전쟁과 폭력을 낳는 근본 원인이 줄어든 상태를 '적극적 평화'라고 정의했습니다.

오늘날의 많은 분쟁 역시 자원과 권력의 불평등한 분배에서 비롯됩니다. 석유, 희토류, 전략적 요충지를 차지하기 위한 국가 간 경쟁은 '국익'이라는 이름으로 포장되어 무력 충돌을 일으킵니다. 21세기 들어 빈번해진 에너지 공급망 갈등과 영토 분쟁은 이를 잘 보여줍니다. 세계화로 촘촘해진 경제 연결망은 상호 의존을 강화했지만, 오히려 갈등이 확산되는 통로가 되기도 합니다.

무기 산업의 성장: 전쟁을 '비즈니스'로 만드는 구조

왜 인류는 평화를 갈망하면서도 군사비 지출을 멈추지 않을까요? 스톡홀름 국제평화연구소(SIPRI, 2024)에 따르면, 2023년 세계 군사비 지출은 약 2조 4,430억 달러로, 이는 냉전 종료 이후 최대치입니다.

여기에는 전쟁으로 이익을 얻는 '군산복합체(Military-Industrial Complex)'가 존재합니다. 전쟁이 발발하거나 긴장이 고조될 때마다 거대 방산 기업들의 주가는 치솟습니다. 전쟁은 누군가에게는 참혹한 비극이지만, 최첨단 무기를 시험하고 판매하는 거대 시장이 되기도 합니다. 이처럼 전쟁이 산업의 한 축이 되어버린 구조에서, 평화는 자본의 논리에 밀려 뒷전으로 밀려나곤 합니다.

전쟁이 남기는 지워지지 않는 상흔

전쟁의 가장 잔인한 점은, 그 대가를 대부분 평범한 시민들이 치른다는 사실입니다.

난민 위기: 유엔난민기구(UNHCR)의 2023·2024년 자료에 따르면, 전 세계에서 강제로 고향을 떠난 난민과 국내 실향민 수는 1억 2천만 명을 넘어섰습니다. 전 세계 인구 69명 중 1명꼴로, 전쟁과 박해를 피해 집을 떠난 셈입니다.

미래의 상실: 유엔아동기금(UNICEF, 2023)의 보고에 따르면, 분쟁 지역의 어린이 약 2억 5천만 명이 극심한 기아와 교육 단절을 겪고 있습니다. 학교는 군대 막사가 되거나 폭격의 대상이 되고, 병원은 무너져 간단한 치료조차 받지 못합니다.

환경 파괴: 현대 전쟁은 막대한 탄소를 배출하고 토양과 수질을 오염시킵니다. 우크라이나 전쟁 한 건만으로도 수천만 톤의 탄소가 추가로 배출되고, 수백만 헥타르의 숲과 토양이 오염되었습니다. 이렇게 파괴된 생태계를 복구하는 데에는 수십 년이 걸립니다.

전쟁은 총성이 멎는 순간 끝나는 것이 아닙니다. 전쟁이 남긴 가난, 트라우마, 그리고 파괴된 자연은 다음 세대의 삶과 평화까지도 빼앗아 갑니다.

연대와 책임, 평화를 향한 새로운 선택

세계화와 평화는 별개의 주제가 아닙니다. 불평등한 세계화는 소외된 사람들의 분노를 키우고, 그 분노는 갈등과 전쟁이라는 파괴적인 결과로 이어집니다. 우리는 스마트폰 하나로 지구 반대편과 소통하는 시대에 살고 있지만, 정작 그 이면의 고통과 불평등에는 둔감해져 있는 것은 아닐까요?

우리가 할 수 있는 일은 거창한 것이 아닐지도 모릅니다. 내가 산 옷이 공정한 과정을 거쳐 생산되었는지 관심을 갖는 것, 군비경쟁보다는 기후 위기나 빈곤 퇴치와 같은 공통의 문제에 예산을 써야 한다고 목소리를 내는 것, 그리고 '힘의 논리'가 아닌 '공존의 논리'를 지지하는 것이 그 시작일 수 있습니다.

평화는 단순히 운이 좋아 주어지는 평온함이 아닙니다. 그것은 매일 우리가 어떤 물건을 사고, 어떤 정책에 투표하며, 타인의 고통에 얼마나 공감하느냐는 '선택'의 총합입니다. 세계화가 우리를 하나로 묶었다면, 이제 그 연결 고리를 탐욕이 아닌 연대의 끈으로 바꾸어나가야 할 때입니다.

생각해볼 문제

소비의 책임: 내가 일상에서 사용하는 저렴한 물건들이 누군가의 안전이나 정당한 임금과 맞바꾼 것은 아닌지 토론해 봅시다. '공정무역'이나 '윤리적 소비'는 시스템의 불평등을 완화하는 데 실제 도움이 될 수 있을까요?

구조적 불평등: 세계화로 국가 간 경계는 낮아졌지만, 왜 각 국가 내부의 빈부 격차는 더욱 심해졌을까요? 자본과 기술을 가진 소수에게만 이익이 집중되는 구조를 바꾸기 위해 어떤 국제적인 노력이 필요할까요?

평화의 의미: 요한 갈퉁이 말한 '적극적 평화(구조적 폭력이 없는 상태)'를 우리 사회에 적용해 본다면, 현재 우리 주변에서 평화를 위협하는 '눈에 보이지 않는 폭력'에는 무엇이 있을까요?

전쟁과 자본: 전 세계 군사비 지출이 역대 최고치를 기록하고 있는 현실에서, 만약 이 예산의 일부를 기후 위기 대응이나 기아 문제 해결에 사용한다면 세상은 어떻게 변할까요? 무기 산업의 성장이 평화 정착에 걸림돌이 되는 이유는 무엇일까요?

청소년의 역할: 세계화 시대를 사는 시민으로서, 우리는 지구 반대편에서 일어나는 분쟁과 불평등 문제에 대해 어떤 태도를 가져야 할까요? 개인의 작은 관심과 행동이 어떻게 거대한 국제적 구조를 바꾸는 첫걸음이 될 수 있을지 생각해 봅시다.

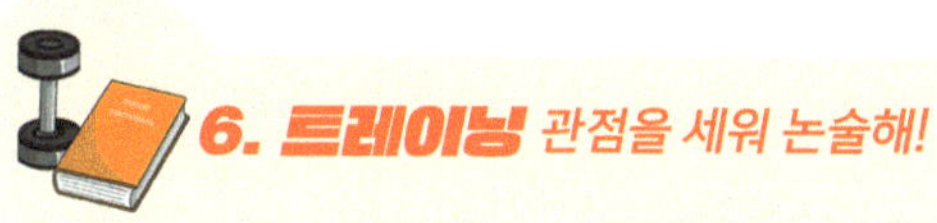

전쟁과 평화

〈자료1〉 제2차 세계대전: 전례 없는 파괴와 인명 손실

제2차 세계대전(1939~1945)은 인류 역사상 가장 광범위하고 파괴적인 전쟁으로 기록됩니다. 이 전쟁으로 전 세계 인구의 3%에 해당하는 7천만~8천5백만 명이 사망했으며, 이 중 상당수는 민간인이었습니다. 유대인 대학살(홀로코스트) 같은 비극은 특정 민족 전체를 말살하려는 시도였고, 약 6백만 명의 유대인이 학살당했습니다.

물적 피해 또한 상상할 수 없을 정도였습니다. 유럽과 아시아의 많은 도시들이 폭격으로 폐허가 되었고, 산업 시설과 사회 기반 시설은 완전히 파괴되었습니다. 예를 들어 독일의 드레스덴은 1945년 연합군의 폭격으로 도시의 80% 이상이 파괴되었고, 일본의 히로시마와 나가사키는 원자폭탄 투하로 순식간에 수십만 명의 인명 피해와 함께 도시 자체가 사라지는 참혹함을 겪었습니다.

참전 용사들의 증언은 전쟁이 남긴 심리적 상처의 깊이를 보여줍니다. "전쟁은 지옥이었다. 우리는 매일 죽음의 그림자 속에서 살았고, 밤에는 동료들의 비명 소리가 귓가를 맴돌았다. 평생 그 기억에서 벗어날 수 없을 것 같다."라는 증언은, 전쟁이 단순한 신체적 상해를 넘어 정신적 외상후 스트레스 장애(PTSD)와 같은 심각한 심리적 문제를 일으킨다는 것을 보여줍니다.

1. 제2차 세계대전의 인명 피해가 이전 전쟁들과 비교할 때 특히 심각했던 원인은 무엇이라고 생각하는가?

2. 제2차 세계대전이 민간인에게 미친 영향은 군인에게 미친 영향과 어떻게
   달랐으며, 이러한 차이가 현대 전쟁의 특성을 이해하는 데 어떤 시사점을
   주는가?

<자료2> 베트남전쟁: 냉전의 대리전과 사회적 상처

베트남전쟁(1955~1975)은 냉전 시기 미국과 소련·중국이 각각 남베트남과 북베트남을 지원하며 벌어진 대표적인 대리전이었습니다. 이 전쟁으로 약 3백만 명의 베트남인(대부분 민간인)과 5만 8천 명 이상의 미군 사망자가 발생하는 등 막대한 인명 피해가 나타났습니다. 특히 미군이 정글 제거와 게릴라전 대응을 위해 살포한 고엽제는 장기적인 후유증을 남겼습니다. 고엽제에 포함된 다이옥신 성분은 암, 신경계 질환, 선천성 기형 등 심각한 건강 문제를 일으켰으며, 그 영향은 오늘날까지도 이어지고 있습니다.

전쟁의 상처는 베트남뿐 아니라 참전국인 미국 사회에도 깊게 남았습니다. 미국 사회는 전쟁을 둘러싼 찬반 갈등이 격화되었고, 반전시위가 전국적으로 확산되었습니다. 귀국한 참전 용사들 가운데 상당수는 외상 후 스트레스 장애(PTSD)와 사회적 고립을 겪으며 오랫동안 어려움을 겪었습니다. 전쟁은 전투 현장에서만 끝나는 것이 아니었던 것입니다.

문화적 피해도 컸습니다. 고엽제로 인해 광범위한 산림이 훼손되었고, 포격과 전투 과정에서 수많은 마을과 역사 유적이 파괴되었습니다. 이는 단순한 물리적 손실을 넘어, 한 사회의 기억과 정체성에 깊은 상처를 남겼습니다.

1. 베트남전쟁이 미국 사회에 미친 심리적·사회적 영향에는 어떤 것들이 있었는가?

2. 베트남전쟁의 고엽제 살포 사례를 바탕으로, 전쟁이 끝난 뒤에도 오랜 기간 지속될 수 있는 피해의 종류와 그 심각성을 어떻게 설명할 수 있는가?

〈자료3〉 이스라엘-팔레스타인 분쟁: 끝나지 않는 비극과 세대 간의 상처

이스라엘-팔레스타인 분쟁은 20세기 중반부터 현재까지 지속되는 복잡하고 장기적인 분쟁입니다. 이 분쟁은 대규모 전면전보다는 국지적인 충돌과 테러, 보복 공격의 형태로 나타나며, 특히 민간인 피해가 매우 큽니다. 유엔 인도주의업무조정국(OCHA)에 따르면, 2008년 이후 가자 지구와 서안 지구에서 발생한 여러 차례의 충돌로 수만 명의 팔레스타인인과 수천 명의 이스라엘인이 사망하거나 부상 당했습니다. 특히 팔레스타인 민간인 사망자 비율이 높습니다.

물적 피해는 주거지·학교·병원 등 민간 시설 파괴에 집중됩니다. 가자 지구는 반복되는 봉쇄와 군사 작전으로 인해 경제 기반

이 붕괴되고, 깨끗한 물과 전기, 의료 서비스 같은 기본적인 생활 조건조차 유지하기 어려운 상황에 놓여 있습니다. 이로 인해 수많은 난민과 이재민이 발생했습니다.

심리적 피해는 양측 모두에게 깊습니다. 팔레스타인 어린이들은 일상적인 폭력과 불안 속에 성장하며, 심리적 트라우마를 겪는 경우가 많습니다. 이스라엘인들 또한 지속적인 안보 위협 속에서 불안감을 안고 살아갑니다. 한 팔레스타인 난민은 "우리 아이들은 태어나면서부터 전쟁을 보았다. 그들에게 평화라는 단어는 그림책에나 나오는 단어일 뿐이다"라고 말했고, 한 이스라엘 시민은 "미사일 경보가 울릴 때마다 심장이 내려앉는 기분이다. 언제 어디서 공격을 당할지 모른다는 불안감이 우리를 지배한다"고 인터뷰했습니다.

1. 이스라엘-팔레스타인 분쟁이 민간인에게 미치는 주요 피해는 무엇인가?

2. 이 분쟁이 세대 간에 걸쳐 심리적·사회적 상흔을 남기는 방식은 무엇이며, 이러한 장기적인 피해가 분쟁 해결과 평화 구축에 어떤 영향을 미친다고 볼 수 있는가?

〈자료4〉 러시아-우크라이나 전쟁: 현대전의 양상과 전 지구적 파급효과

2022년 2월 시작된 러시아-우크라이나 전쟁은 21세기 대규모 전쟁의 참상을 여실히 보여주고 있습니다. 유엔 인권최고대표사무소(OHCHR)에 따르면, 2024년 5월 기준으로 수만 명의 민간인이 사망하거나 다쳤으며, 실제 피해 규모는 이보다 훨씬 클 것으로 추정됩니다. 양측 군인 사망자 역시 매우 큰 규모로 발생한 것으로 알려져 있습니다.

물적 피해는 우크라이나 전역에 걸쳐 광범위합니다. 도시와 마을은 포격과 미사일 공격으로 폐허가 되었고, 주택·병원·학교·발전소 등 핵심 기반 시설이 파괴되었습니다. 세계은행은 우크라

이나 재건에 수천억 달러가 필요할 것으로 추산합니다.

사회적 피해는 난민 발생으로 극명하게 드러납니다. 유엔난민기구(UNHCR)에 따르면, 수백만 명의 우크라이나인이 국외로 피난을 떠났고, 국내 실향민도 수백만 명에 달합니다. 이는 유럽 전역에 인도주의적 위기를 초래하고 있습니다.

전쟁은 또한 전 세계적인 식량·에너지 위기를 촉발했습니다. 우크라이나와 러시아는 곡물과 에너지의 주요 수출국이기 때문에, 전쟁으로 인한 공급 차질은 곡물·비료·에너지 가격 급등을 불러왔고, 이는 특히 저소득 국가의 식량 안보에 심각한 영향을 미쳤습니다

1. 러시아-우크라이나 전쟁이 국제사회에 미치는 경제적·사회적 파급 효과는 무엇인가?

2. 이 전쟁에서 나타난 민간인 시설 파괴와 난민 발생 문제를 해결하기 위해 국제사회는 어떤 책임과 역할을 해야 한다고 생각하는가?

토론 주제

전쟁은 정당화될 수 있는가?

전쟁의 불가피성을 주장하는 입장과 절대적인 반전주의 입장을 비교 분석하고, 각각의 논거를 들어 토론해 보자.

현대전에서 민간인 피해를 최소화하기 위한
현실적인 방안은 무엇인가?

국제법의 역할, 무기 통제, 정보전의 윤리적 문제 등 다양한 관점에서 논의하고, 실효성 있는 방안을 모색해 보자.

전쟁의 상처는 어떻게 치유될 수 있으며,
전후 사회는 어떤 노력을 해야 하는가?

참전 용사의 심리 치료, 난민 재정착, 파괴된 사회 기반 시설 재건 등 전후 복구 및 치유 과정에서 필요한 사회적 역할과 개인의 노력을 탐색해 보자.

국제사회는 개별 국가의 전쟁 개입에 대해
어느 정도의 책임을 져야 하는가?

국가 주권 존중 원칙과 인도주의적 개입의 필요성 사이에서 국제사회의 개입 한계와 책임을 논의하고, 구체적인 사례를 들어 보자.

"역사 속에서 반복되는 전쟁의 비극에서 우리는 무엇을 배울 수 있으며,
미래 세대가 추구해야 할 평화의 가치는 무엇인가?"

과거 전쟁의 교훈을 바탕으로 미래에 발생할 수 있는 분쟁을 예방하고, 지속가능한 평화를 구축하기 위한 개인적·국가적·국제적 노력을 다각적으로 논의해 보자.

미래와 지속가능한 삶

계속 지구에 살고 싶어요

세계의 인구 분포는 자연환경과 인문환경의 영향을 받아 지역적으로 고르지 않습니다. 온대기후 지역, 하천 주변의 평야, 해안 지역에는 인구가 밀집하는 반면, 사막·한대 기후 지역이나 고산지대에는 인구가 희박합니다. 오늘날에는 산업과 교통이 발달한 도시와 공업 지역에 인구가 집중되는 경향이 뚜렷합니다. 세계 인구는 약 80억 명이며, 절반 이상이 아시아에 분포하고 있습니다.

인구구조는 연령과 성별에 따라 지역의 특성을 보여줍니다. 개발도상국은 유소년층 비율이 높고 출생률이 높아, 전체 인구의 중위 연령이 낮습니다. 반면 선진국은 노년층 비율이 높고 출생률이 낮아 고령화가 빠르게 진행되고 있습니다. 인구 변천 모형에 따르면, 산업화 과정에서 출생률과 사망률이 변화하며, 일부 국가는 인구가 자연 감소 단계에 들어서고 있습니다.

국제 인구 이동도 활발합니다. 경제적 이유로 개발도상국에서 선진국으로 이동하는 경우가 많으며, 전쟁과 분쟁으로 인한 난민 이동도 증가하고 있습니다. 인구 이동은 노동력 확보와 문화 다양성 증대라는 긍정적 효과가 있지만, 갈등과 사회 문제를 유발하기도 합니다.

인구 문제로는 인구 과잉과 저출생·고령화가 있습니다. 인구 과잉은 식량 부족, 실업, 도시 과밀화 등을 초래합니다. 반대로 저출생·고령화는 노동력 감소, 경제성장 둔화, 노년 부양 부담 증가 등의 문제를 일으킵니다. 이를 해결하기 위해 정부는 출산지원정책, 복지제도 강화, 세대 간 형평성을 고려한 정책 등을 실시하고 있습니다.

자원은 인간의 생존과 경제활동에 필수적이지만, 매장량이 한정되어 있고 특정 지역에 편재된다는 점에서 희소성을 지닙니다. 그동안 인류

발전을 이끌어온 화석연료는 자원 고갈과 환경오염이라는 이중적인 문제를 야기하고 있습니다. 이를 극복하기 위해 태양광, 풍력, 수력 등 탄소 배출이 적은 신재생 에너지로의 전환이 가속화되고 있으며, 자원을 '생산-소비-폐기'하는 선형구조에서 벗어나 자원의 재사용과 재활용을 극대화하는 순환 경제 체계 구축이 강조되고 있습니다.

현대사회의 환경문제는 산업화와 도시화, 그리고 과학기술의 발달에 따른 생산과 소비의 폭발적 증가로 인해 심화되었습니다. 인간의 경제 활동 영역이 전 지구적으로 확대되면서 대기·수질·토양 오염이 심각해졌으며, 이는 자연 생태계의 자정 능력을 초과하여 생태적 균형을 위협하고 있습니다.

특히 화석연료 사용의 급증으로 배출된 온실가스는 지구온난화를 가속하여 심각한 기후변화를 초래하고 있습니다. 이는 생태계 교란, 자연재해의 빈번한 발생, 해수면 상승에 따른 거주지 상실 등 인류의 생존을 위협하는 다각적인 문제로 이어집니다. 이러한 환경문제는 발생 지점에 국한되지 않고 전 지구적 영향을 미친다는 특성이 있어, 국제법 제정과 국제기구를 통한 공동 대응이 필수적입니다.

현대사회가 직면한 가장 시급한 과제인 기후변화는 인간 활동에 따른 온실가스 배출량의 급격한 증가가 주요 원인입니다. 지구온난화로 인한 기후변화는 폭염·가뭄·홍수 등 극단적인 기상 현상을 빈번하게 일으키며, 생물 다양성 파괴와 식량 생산의 불안정성 등 인류의 생존 기반을 흔들고 있습니다. 이에 대응하여 국제사회는 파리협정 같은 기후

협약을 통해 탄소 감축 목표를 설정하고, 녹색 산업 육성과 친환경 정책을 통해 지속가능한 미래를 도모하고 있습니다.

기후 위기 대응과 지속가능발전을 위해서는 정부·기업·시민사회의 유기적인 협력이 필요합니다. 정부는 탄소세, 배출권 거래제 등 환경 관련 법제도를 정비하고, 신재생 에너지와 친환경 기술 개발을 지원해야 합니다. 기업은 자원 절약형 생산 방식을 도입하고 환경보호를 경영의 핵심 가치로 삼는 친환경 경영을 실천하여 사회적 책임을 다해야 합니다. 시민은 에너지 절약, 분리배출 등 일상적인 실천을 넘어 환경적 가치를 우선시하는 친환경 소비를 생활화하고, 환경 정책에 적극적으로 목소리를 내는 환경 시민 의식을 발휘해야 합니다.

지속가능발전은 현재 세대의 필요를 충족시키면서도 미래 세대의 삶을 위협하지 않는 발전을 의미합니다. 이는 단순히 경제적 효율성만을 추구하던 과거의 방식에서 벗어나, 다음 세 가지 요소의 조화와 균형을 추구합니다. 생산적 효율성과 합리적 자원 이용을 중시하는 경제성장, 빈곤 퇴치와 불평등 완화를 통한 사회적 형평성, 생태계 보전과 자원의 절약을 통한 환경보호입니다.

국제사회는 지속가능한 사회로 나아가기 위한 구체적인 지침으로 지속가능발전 목표(SDGs)를 설정하였습니다. 이는 빈곤 종식, 기후변화 대응, 양질의 교육, 평화와 정의 등 17개의 핵심 목표를 제시하며, 국가 간 협력뿐만 아니라 시민 개개인의 생활 방식 변화와 적극적인 참여를 독려하고 있습니다.

안전과 평화를
향한 버스

1
난민 버스
출발하겠습니다!
모두들 어떤 나라로
모셔다 드릴까요?
어디든 모셔 드립니다

2
우리 남수단에서
내전이 벌어지는 바람에
가족과 집을 잃었어요…
전쟁이 없는 어느 곳이든
데려다 주세요…
남수단

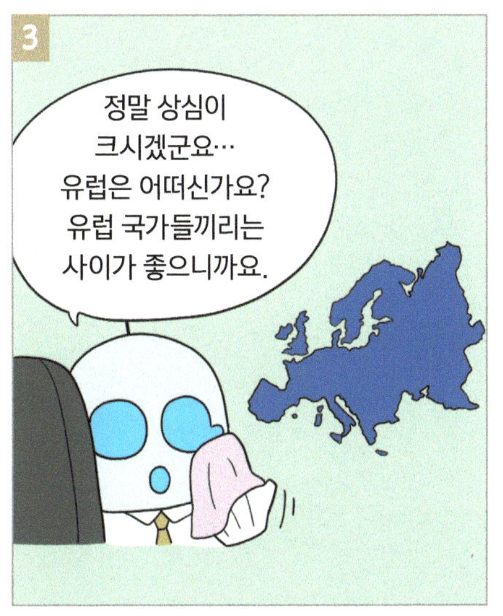

3
정말 상심이
크시겠군요…
유럽은 어떠신가요?
유럽 국가들끼리는
사이가 좋으니까요.

4
우리 우크라이나는
가지 마세요
러시아와 아직 전쟁 중이거든요…
저는 우크라이나 난민을 돕는
폴란드로 보내주세요!
제 가족도 그곳에 있어요.
우크라이나
남수단

5
알겠습니다.
가족이 무사하다니
다행이네요!
그 옆의 로힝야족 분은
어디로 가고
싶으세요?

6
알라를 마음껏
섬길 수 있는
세계 최대 무슬림 국가인
인도네시아로 보내주세요…
미얀마 정부가 무슬림인
우리를 탄압하거든요…
로힝야족

인샬라,
알겠습니다!
그 옆의 키리바시에서
오신 분은 어디로
가신다고 했었죠?

우리 키리바시는
해수면 상승으로
나라가 잠기고 있어요!
무조건 높은 곳이라면
어디든 좋아요.
키리바시

그럼 해발고도
2,850m인 에콰도르의
키토로… …엥?
넌 한국인이잖아?
한국에 난민이 있어?
한국

입시경쟁이 없는
나라로 보내주세요…!
좋아하는 친구들과의
치열한 경쟁이
너무 마음 아파요…
한국

로인과 아기

저는 공항에서 일하고 있습니다. 정확하게 말하자면, 세계적인 국제 공항의 검색대가 저의 일터입니다. 한 번이라도 비행기를 타본 적이 있는 분이라면 반드시 저와 같은 검색대 직원을 만나본 적이 있을 겁니다. 네, 맞습니다. 어린애도 아닌데 "팔 벌리세요, 모자 벗으세요"를 시키거나, 주인 허락 없이 여행 가방을 여는 사람들 말입니다. 엄마 없이 저를 키워주고 훌쩍 세상을 떠난 아빠는 어릴 때부터 제가 웃는 모습이 예쁘다고 하셨지만, 전 이곳에서 근무하는 동안 웃을 일이 거의 없습니다. 기계의 도움을 받기는 하지만 워낙 많은 사람들을 빠르게 처리해야 하고, 제가 조금만 실수해도 전체 승객이 위험해질 수도 있기 때문입니다.

그렇게 무표정한 제 얼굴 앞을 스쳐, 오늘도 수많은 사람들이 각기 다른 얼굴로 이 나라를 벗어나거나 들어옵니다.

오전 8시

　업무를 시작합니다. 새벽에 일어나 피곤한 제 귀에, 마약 단속에 대한 팀장님의 길고 긴 당부가 아직도 남아 있습니다. 적발하는 직원이 받게 될 달콤한 포상도 귀에 맴돌지만, 저와 같은 계약직에는 해당 없는 이야기입니다. 저는 그런 포상보다 조금 있으면 '로인'을 만날 거라는 생각에 기분이 좋습니다. '로인'은 헤로인을 특히 잘 찾아내고, 이제 은퇴를 얼마 남겨두지 않아 '노인'이라고도 불리는 마약 탐지견 리트리버의 이름입니다. 로인은 천사 같은 천재 강아지지만, 이상하게도 목줄에 걸린 작은 메달을 건드리면 이빨을 드러내고 사납게 짖곤 합니다. 로인이 갑자기 왜 그러는지 아무도 그 이유를 모르지만, 이상하게도 로인은 이 공항에서 단 한 사람, 저에게만은 메달을 만질 수 있도록 허락해 줍니다. 하도 오래되어 글자까지 희미한 노란색 메달은 탐지견 학교 앞에 버려졌을 때부터 로인의 목에 걸려 있던 것이라고 들었습니다. 로인은 어느 곳에서 근무하든 하루에 한 번은 꼭 저를 보고 갑니다. 저도 멀리서 로인이 보이면 "금메달, 로인!" 하고 소리칩니다. 저는 로인을 만날 때만 웃습니다.

　하지만 미국으로 가는 항공기의 비즈니스석 승객들이 들어오기 시작하면서 로인을 만날 수 있는 시간은 뒤로 미뤄집니다. 간단한 서류 가방과 노트북으로 무장한 정장의 사람들이 알 수 없는 용어를 쓰며 줄에 서 있습니다. 그들은 협상과 계약을 위해 먼 시간을 날아갈 사람들입니다. 비행기 안 넓고 쾌적한 좌석은 휴식과 숙면을 위한 자리가 아닙니다. 저들에게는 또 다른 사무실이 됩니다. 저 사람들의 표정을 보면 지금 우리나라 경제가 어떤지 바로 알 수 있습니다. 지금은 제 얼굴과 별로 다르지 않습니다. 우리 경제가 그리 희망적이지 않나 봅니다.

뒤이어 이코노미 좌석의 손님들이 들어오기 시작합니다. 이름만 대면 알 만한 대학을 나온 대리님이 이코노미의 뜻에는 '절약'이라는 것도 있다고 알려주기 전까지 저는 제일 싸고 불편한 자리를 왜 '경제적인' 자리로 부르는지 이해할 수 없었습니다. 미국행 이코노미 승객은 나이를 기준으로 크게 둘로 나뉩니다. 정년을 지나 은퇴하신 분들은 대개 단체여행이거나 미국에 살고 있는 자식들을 만나러 가는 분들입니다. 반면 미국행 이코노미를 타는 젊은 사람들은 유학이나 취업을 위해 출발합니다. 나이가 어떻든 저들을 보면 자유의여신상, 할리우드, 맨해튼 같은 가슴 뛰는 단어가 떠오릅니다. 어떤 좌석이든, 저는 저들을 따라 당장이라도 이 나라를 떠나고 싶어집니다.

오전 11시

갑자기 입국 수속장을 도우라는 연락이 옵니다. 무슨 일이 있는지 묻지 않아도 짐작이 갑니다. 조금 전에 만났던 멋진 양복에 깔끔하게 머리를 다듬은 사람들과는 전혀 다른 옷차림의 사람들이 피곤하고 걱정스러운 얼굴로 공항에 밀려 들어오고 있을 것입니다. 먼저 이들이 타고 온 비행기가 무엇인지 알아봅니다. 동남아시아에서 온 저가 항공사의 비행기입니다. 저는 얼른 제가 근무하던 검색 라인을 닫고, 간단한 소지품을 챙겨 입국장으로 달려갑니다.

그들의 짐을 검색하는 일은 쉽지 않습니다. 그들은 참으로 많은 짐을

꾸역꾸역 가방에 담아 옵니다. 지금처럼 추운 계절을 겪어본 적이 없는 사람들이 담아 오는 얇은 옷들과 정체를 알 수 없는 향신료는 그들이 한국에서 겪을 일들을 열심히 준비했다는 걸 알려주지만, 그보다는 지갑 속에 소중히 담아온 사랑하는 이들의 사진이 그들에겐 앞으로 가장 큰 힘이 될 것입니다.

국내 반입이 금지되는 비닐팩에 담긴 음식, 흙이 묻어 있는 야채 등은 전부 압수해 폐기됩니다. 폐기물이 예전보다 많이 줄어들기는 했지만, 안 된다고 말할 때 그들의 눈빛은 참으로 견디기 어렵습니다. 그들은 애원하기도 하고 가끔은 화를 내기도 하지만, 그 시간은 길지 않습니다. 고된 노동을 통해 고향에서는 만져볼 수 없는 큰돈을 벌게 해줄 나라에게 저항보다 순응이 현명하다는 걸 그들은 금세 깨닫습니다. 이들이 어떤 이유로 입국했는지는, 그들을 맞이하러 나온 사람들을 보면 알 수 있습니다. 고급 승용차에 양복을 입은 사람들이 맞이하러 나오는 경우는 거의 없습니다. 대부분은 저들처럼 피곤한 얼굴에 짜증 섞인 목소리로 인원수를 세며 승합 버스가 기다리는 주차장으로 인솔하는 사람들이거나, 수상한 눈빛으로 사진과 얼굴을 비교한 후 재빠르게 작은 차에 태워 가는 사람들입니다.

물론 모두가 그렇다는 것은 아닙니다. 얼마 전에는 내전이 일어난 나라의 사람들이 한 번에 들어온 적이 있었습니다. 그 나라의 정권이 바뀌면서, 그 이전 정권에서 한국을 도왔다는 것이 죄가 된 사람들이었습니다. 그들을 기다린 건 목에 신분증을 걸고 깔끔한 정장을 입은 사람들과, 그보다 더 많은 카메라와 기자들이었습니다. 그들의 몇 개 되지 않는 허술한 짐들은 그들이 얼마나 서둘러 고향을 떠나왔는지 알려줍니다. 일하러 온 사람들과의 공통점은 그들 모두 헤어진 가족의 사진을 가지고 있다는 것입니다.

오후 3시

늦은 점심을 빠르게 먹고 원래 제 자리였던 출국장으로 돌아왔습니다. 조금만 더 버티면 퇴근 시간입니다. 이 시간에는 유럽행 노선이 많습니다. 미국이나 아시아행 노선보다 탑승객이 적어 상대적으로 일이 수월합니다. 시계를 힐끔거리며 퇴근 후의 작은 즐거움들을 생각하고 있을 때 중년의 백인 부부가 아기를 안고 줄 끝에 서는 게 보입니다. 아기가 칭얼거리는지 사람들은 웃으며 순서를 양보해줍니다. 부부가 제 앞에 섰을 때 아기를 감싼 담요 사이로 검은색 머리카락이 먼저 보입니다. 한눈에 봐도 한국 아기입니다.

부부는 긴장한 듯 아기를 꼭 안고 있었고, 아기는 계속해서 칭얼거립니다. 수많은 사람들이 떠나고 만나는 이 공항에서 아마 제일 작은 존재일 이 아기는 새로운 부모의 품에 안겨 아픈 기억으로부터 아주 멀리 벗어나려 하고 있습니다. 몸속 한 부분이 굳어가는 듯 저려옵니다. 하지만 처음 보는 일도 아니라 내색하지 않습니다.

"가방을 올려놓으세요."

저는 무표정하게 말하며 부부의 짐을 스캐너로 통과시킵니다. 그때,

칭얼거림이 잦아들더니, 아기가 담요 속에서 몸을 뒤척입니다. 부부가 아기를 좀 더 편안하게 안으려고 담요를 살짝 펼치는 순간, 무언가 반짝이는 게 제 눈을 붙잡습니다. 이제 겨우 잠들려는 아기의 목에 걸려있는 작고 노랗고 낯익은 동그라미.

"잠깐만요."

그럴 리가 없다고 생각하지만, 심장이 빠르게 뜁니다.

"아기 목에 걸린 저 메달, 잠시 봐도 될까요?"

부부는 놀라서 저를 쳐다봅니다. 하지만 검색대에 있는 공항 직원의 말을 거역할 수 있는 사람은 없습니다. 부인이 조심스레 아기를 제 앞으로 내밉니다. 맞습니다. 그 메달은 로인의 목줄에 걸려 있는 것과 같은 것입니다. 똑같은 크기, 똑같은 노란색, 똑같이 희미해진 글자. 로인이 절대 다른 사람에게는 만지지 못하게 하던 그 메달이었습니다. 글자는 여전히 알아볼 수 없습니다. 저는 안타까워 더 가까이 들여다보려 했지만, 겁먹은 부부를 본 옆 라인의 직원이 서둘러 달려와 저를 말립니다. 뒷줄의 사람들이 웅성거리는 소리에 저는 겨우 정신을 차립니다. 저는 부인에게 조용히 메달을 확인했다는 표시로 고개를 끄덕였습니다. 부부는 안도하며 아기를 다시 안습니다. 저는 굳게 닫았던 입술을 살짝 풀고, 아주 잠깐 어색하게 웃어줍니다. 부부가 아기를 안고 검색대를 지나

에스컬레이터로 향하는 모습을 저는 오
랫동안 바라봅니다. 중년의 백인 부부는
아기를 서로 번갈아 안으며 세상의 가장
귀한 보물을 얻은 듯 환하게 웃습니다.

아기가 에스컬레이터에 올라 눈에서 멀어질 때 저는 작게 인사합니다.
"안녕, 아가야. 안녕, 금메달. 잘 가."

　　로인이 탐지견 학교 앞에 버려졌을 때부터 목에 걸려 있었다는 메달.
이 아기가 입양되어 떠나며 목에 걸고 있는 메달. 이 둘이 같다는 건 로
인이나 아기가 모두 같은 사람에게 버려졌다는 걸 말해줍니다. 설혹 그
메달이 형편이 나아지면 다시 찾겠다는 버린 사람의 최소한의 성의라 할
지라도, 버림받은 이들에겐 여전히 상처의 기억일 것입니다. 로인이 메달
을 다른 사람이 건드리면 미친 듯이 이빨을 드러내고 짖는 이유. 그것은
이곳 직원들이 쉽게 생각하듯 단순히 물건에 대한 집착이 아니었습니
다. 그것은 등 돌린 이에 대한 원망이자, 언젠가 주인이 자기를 다시 찾
을 때 필요한 유일한 끈을 빼앗길 수 없다는 아픈 희망 때문이었습니다.
　　아기는 어쩌면 로인이 가질 수 있었던 또 하나의 희망이 될 수 있었지
만, 이제는 떠나버리고 말았습니다. 하지만 로인에게는 제가 있습니다.
무표정한 얼굴 속에 자기와 같이 버려진 자의 그림자를 담고 있는 사람.
그래서 메달을 만져도 되는 유일한 사람. 그래서 저는 작게나마 로인에
게 또다른 희망이 되는 것이겠죠.

멀리서 로인이 저를 부르는 소리가 들려옵니다.

금메달, 로인! 저는 고개를 돌려 로인을 봅니다. 팀장님 옆에서 로인이 천사처럼 맑은 눈빛으로 저를 향해 다가오고 있습니다. 로인은 꼬리를 흔들며 제 무릎에 머리를 비빕니다.

저는 로인의 낡은 목줄에 걸린 노란 메달을 두 손으로 조심스럽게 만졌습니다. 그리고 로인의 귀에 작게 말했습니다. 로인아, 너랑 똑같은 금메달이, 금방 먼 나라로 갔어.

로인은 이상하게 아무 소리도 내지 않고 한참이나 저를 바라봅니다. 그리고 제 어깨에 얼굴을 기대어 저를 안아줍니다. 저는 로인의 따뜻한 털에 얼굴을 묻습니다. 로인은 저의 젖은 눈을 닦아 줍니다. 제게는 포상도, 희망도, 계약 연장도, 넓은 비즈니스 좌석도, 엄마 아빠도 없지만, 이럴 때 전 로인이 저의 가족이란 걸 느낍니다. 그렇게 오늘 별 가까이를 날아 낯선 땅에 도착할 그 아기도 로인과 같은 좋은 가족을 만나기를 기도합니다. 다시는 헤어지지 않을 가족. 미안함으로 작은 메달을 주기보다, 따뜻한 사랑을 줄 가족을 말입니다.

삶은 계속된다

지속가능한 미래

지구 멸망을 다룬 영화와 소설은 끊임없이 등장합니다. 작품 속에서 그려지는 멸망 원인도 혜성 충돌, 기후변화, 국가 간의 핵전쟁 등 매우 다양하고, 요즘에는 인공지능(AI)의 발달로 인한 기계와의 전쟁도 단골 소재가 되었습니다.

예술은 당대의 사회적 고민을 반영하기 때문에, 이런 경향은 현대 인류가 지구의 종말을 막연한 상상이 아닌, 실제로 닥쳐올 수 있는 현실적 공포로 인식하고 있음을 보여줍니다. 그만큼 인류가 멸망을 두려워하면서, 지구에서의 삶을 간절히 지속하고 싶어 한다는 뜻이기도 합니다.

그렇게 삶을 이어나가기 위해서는 반드시 해결해야 할 과제들이 있습니다. 우선, 지구상의 인구 규모와 증감 추이가 가져올 파급력을 정확히 이해해야 합니다. 또한 인류가 삶을 지속하는 데 꼭 필요한 자원 문제를 해결해야 하고, 무엇보다 현재 우리의 생존을 위협하는 가장 심각한 위기인 기후변화에 대한 구체적인 대응책을 마련해야 합니다.

사람은 동물이다. 그래서 움직인다.

인구 문제는 지역마다 극명한 온도 차를 보입니다. 어떤 곳은 지나치게 밀집해 터져나갈 듯하고, 어떤 곳은 인적이 드물어 소멸을 걱정합니다. 접시 위의 물처럼 인구가 고르게 퍼지고 출산율이 균일하다면 좋겠지만, 이는 현실적으로 불가능합니다. 그래서 이 문제를 풀기 위해서는 인구가 '움직일' 수밖에 없습니다. 인간은 동물(動物), 말 그대로 움직일 수 있는 생명체이기 때문에 인구 이동을 통해 어느 정도 문제를 조정할 수 있다는 말입니다. 어려운 일도 아닙니다. 인류는 오스트랄로피테쿠스 이후 현재까지 끊임없이 이동해온 경험이 있습니다.

하지만 서로의 지식과 기술을 배우고, 인류 공통의 문제를 해결하기 위해 회의를 하고, 서로의 자원을 효과적으로 배분하기 위한 긍정적인 이동은 그 역사가 매우 짧고 비율로도 전체 인구수를 기준으로 보면 아주 작습니다. 반면 현대사회에서는 대부분 원치 않는 가슴 아픈 이유로 대규모 인구 이동이 발생하고 있습니다. 국가 간 전쟁, 이념 차이로 인한 내전, 종교적 갈등, 기후변화로 인한 굶주림과 질병 등으로 인류는 이동하고 있습니다. 그러나 참으로 특별하게도 우리나라에서는 또 다른 가슴 아픈 인구 이동이 있었습니다.

세계 최대 아기 수출국, 한국

얼마 전 미국의 주요 언론인 뉴욕타임즈(NYT)에 한국에서 1953년 전쟁이 끝난 이후 약 20만 명의 어린이가 주로 미국과 유럽으로 입양되었으며, 그들이 성장한 이후 단 3%만이 친부모를 찾을 수 있었다는 기사가 실린 적이 있었습니다.

참혹한 전쟁으로 먹고살게 없다는 말이 은유가 아니라 현실이었던 시절, 생존을 위해 아기를 버리는 일도 많았지만, 전쟁을 돕기 위해 온 미군과의 사이에서 낳은 혼혈아기가 집중적으로 해외로 떠났다는 것입니다. 이미 전쟁으로 수많은 이산가족이 발생한 나라에서 뿌리 깊은 외국인 혐오와 혼혈아에 대한 편견, 외국인과 사이에서 아기를 낳은 것에 대한 가족과 이웃의 도덕적 비난 등이 더해져 여성은 자신이 낳은 아기를 먼 나라로 보낼 수밖에 없었던 것입니다. 그렇다고 해외 입양이 한국전쟁 직후에만 일어난 것은 아닙니다. 우리나라가 고도성장을 시작하는 1960년대 말부터는 미혼모의 아기들이 집중적으로 입양 대상이 되었습니다. 아기가 태어난 원인은 상관없이, 아빠 없는 아기를 낳은 여성은 여전히 사회적 편견과 낙인 속에 아기를 포기할 수밖에 없었을 것입니다. 일제 강점기 일본군 위안부로 끌려갔다가 일본 패망 후 간신히 목숨을 부지해 돌아온 딸에게, 너는 집안의 수치라며 절대 위안부 생활을 말하지 못하게 했다는 시절에서 한 걸음도 나아가지 못한 것입니다.

1985년에는 8,837명의 아기가 해외로 입양되었는데, 아기를 친부모에게서 인계 받아 해외로 보내는 일을 담당하는 입양 기관은 아기 한 명당 당시 돈으로 4천 달러 정도를 수수료로 받고, 1천 달러가 넘는 돈을 항공료로 추가 징수하며, 엄마들에게 아기 포기 각서에 서명하도록 했다는 기사 내용도 있었습니다. 입양이 산업이 된 것입니다. 그러니 외국에서 당시 한국을 '아기 수출국'이라 비난했고, 그 아기들을 '우편 주문아기'라 부른 것입니다.

그렇다면 이런 부끄러운 시절을 지나, 지금은 좀 달라졌을까요?

최저 출산율 국가의 최대 해외 입양

중년의 백인 부부가 아기를 안고 줄 끝에 서는 게 보입니다. 아기가 칭얼거리는지 사람들은 웃으며 순서를 양보해줍니다. 부부가 제 앞에 섰을 때 아기를 감싼 담요 사이로 검은색 머리카락이 먼저 보입니다. 한눈에 봐도 한국 아기입니다.

부부는 긴장한 듯 아기를 꼭 안고 있었고, 아기는 계속해서 칭얼거립니다. 수많은 사람들이 떠나고 만나는 이 공항에서 아마 제일 작은 존재일 이 아기는 새로운 부모의 품에 안겨 아픈 기억으로부터 아주 멀리 벗어나려 하고 있습니다. 몸속 한 부분이 굳어가는 듯 저려옵니다. 하지만 처음 보는 일도 아니라 내색하지 않습니다.

전 세계 국제 입양 통계를 집계하는 ISS(International Social Service)에 따르면, 2020년 기준 한국은 마약 카르텔로 악명 높은 콜롬비아(387명)와 러시아와 전면전을 앞두고 산발적인 전투가 계속되던 우크라이나(277명)에 이어 266명을 해외로 입양시켜 여전히 세계 3대 아기 수출국이란 지적을 받고 있습니다.

2024년 기준 합계 출산율 0.74명으로 홍콩을 제치고 겨우 세계 최저 출산 국가를 벗어난 한국은 여전히 OECD 평균 1.37명의 반 정도에 불과한 출산율을 보여주고 있습니다. 세계에서 가장 적은 출산율을 보여주면서도 그렇게 태어난 아기들을 해외로 보내는 나라. 경제적 불균형에 따른 저소득층의 문제인지, 우리 사회가 여전히 가지고 있는 여성에 대한 폭력적인 시선 때문인지, 우리의 인구 문제를 생각할 때 반드시 생각해보아야 할 대목입니다. 우리는 더 이상 아기를 수출하는 나라에서 살 수는 없으니까요.

인공지능과 기후 위기의 시대

우리는 지금 인류 역사상 그 어느 때보다 화려하지만, 동시에 가장 위태로운 시대를 통과하고 있습니다. 한쪽에서는 인간의 지능을 모방하고 초월하려는 인공지능(AI)이 매일같이 새로운 유토피아를 약속합니다. 생성형 AI는 단 몇 초 만에 고전 화풍의 그림을 그려내고, 복잡한 물리 방정식을 풀며, 인간의 언어로 대화를 나눕니다. 그러나 다른 한쪽에서는 인류의 유일한 보금자리인 지구가 '끓는 시대(Global Boiling)'에 도달했다는 절박한 경고음이 울리고 있습니다.

2023년과 2024년은 인류가 기상 관측을 시작한 이래 가장 뜨거운 해로 기록되었습니다. 지구 평균기온은 산업화 이전 대비 약 1.45℃ 상승하며 파리협정의 마지노선인 1.5℃에 바짝 다가섰습니다. 여러분은 인공지능이라는 전지전능해 보이는 도구를 손에 쥐었으나, 동시에 기후 위기라는 가장 가혹한 생존의 숙제를 짊어진 첫 번째 세대입니다. 우리는 과연 기술의 풍요 속에서 자연과의 연결 고리를 잃지 않고 공존의 길을 찾을 수 있을까요?

AI의 보이지 않는 비용

우리는 인공지능을 흔히 '클라우드(Cloud)' 속에 존재하는 눈에 보이지 않는 지성으로 생각합니다. 하지만 AI는 실제 서버와 데이터센터 위에서 작동하는 매우 물리적인 기술입니다. 그리고 그 운영에는 상당한 전력과 자원이 필요합니다.

우리가 챗GPT와 나누는 짧은 한 문장 대화 뒤에도, 대규모 데이터센터와 이를 유지·냉각하기 위한 전력 시스템이 작동하고 있습니다.

전력 소비의 폭발적 증가

국제에너지기구(IEA)의 보고서에 따르면, 데이터 센터, 인공지능, 암호화폐와 관련된 전력 수요는 2026년까지 2022년 대비 두 배 이상 증가할 것으로 예상됩니다. 이는 약 1,000TWh에 달하며, 일본 전체가 1년 동안 쓰는 전력량과 맞먹는 수치입니다. 엔비디아의 최신 GPU 칩 한 개가 소모하는 전력은 일반적인 가정집 한 채의 전력 소비량보다 많습니다.

보이지 않는 갈증(Water Footprint)

AI 모델을 학습시키는 데는 엄청난 양의 냉각수가 필요합니다. 캘리

포니아 대학교 연구팀에 따르면, 챗GPT와 20~50개의 질문을 주고받는 데 500ml의 물 한 병이 소모된다고 합니다. 마이크로소프트는 최근 1년 사이 물 사용량이 34% 급증했는데, 이는 전적으로 AI 연산을 처리하기 위한 냉각 작업 때문이었습니다.

전자 폐기물의 위협

AI 성능 경쟁이 가속화되면서 하드웨어 교체 주기는 짧아지고 있습니다. 이로 인해 발생하는 전자 폐기물은 환경오염의 또 다른 주범이 되고 있으며, 이를 처리하는 과정에서 발생하는 유독 물질은 개발도상국의 토양과 하천을 오염시킵니다.

기후 위기의 가속

대기 중 탄소 농도

2024년 기준 대기 중 이산화탄소 농도는 425ppm을 돌파했습니다. 이는 인류 문명이 시작된 이래 가장 높은 수치이며, 빙하 코어 분석을 통해 본 지난 80만 년간의 수치 중에서도 최고치입니다.

생태계 붕괴의 속도

세계자연기금(WWF)의 '지구생명보고서'에 따르면 지난 50년간 야생 동물 개체군은 평균 69% 감소했습니다. 특히 담수 생태계의 경우 감소율이 83%에 달합니다. 기후 위기는 단순히 날씨가 더워지는 문제가 아니라, 지구라는 거대한 생명 유지 시스템이 멈추고 있다는 신호입니다.

우리는 더 똑똑한 기계를 만들수록 더 뜨거운 지구를 마주하게 되는 역설적인 상황에 놓여 있습니다. 기술이 우리를 구원할 것이라는 믿음 이면에, 그 기술이 지구를 갉아먹고 있다는 사실을 우리는 데이터로 직시해야 합니다. 단순히 통계 수치를 줄이는 '기술적 해법'만으로는 이 위기를 극복할 수 없습니다. 우리는 '우리가 누구인지, 무엇을 진짜 가치 있게 여기는지'에 대한 근본적인 질문을 던져야 합니다.

'사유의 외주화'와 인간의 고유성

우리는 이제 글쓰기, 그림 그리기, 심지어는 고민 상담까지 AI에게 맡깁니다. 효율성이라는 이름 아래 '생각하는 수고'를 기계에 위탁하는 것입니다. 그러나 철학자 한나 아렌트(Hannah Arendt)는 '사유하지 않는 것'이 악의 뿌리가 될 수 있다고 경고했습니다. AI가 내놓는 '최적의 답'을 그대로 따를수록, 우리는 그 과정의 옳고 그름을 스스로 판단하는 힘을 잃어가고 있는 것은 아닐까요? 고통과 갈등을 겪으며 성장하는 인간의 사유 과정이 효율적인 알고리즘으로 대체될 때, 인간다움은 어디에서 찾을 수 있을까요?

자연을 바라보는 인간의 시선: 대상인가, 주체인가?

서구 근대 철학은 자연을 인간이 정복하고 이용해야 할 '자원'으로 보았습니다. 기후 위기는 이러한 인간 중심주의적 사고가 막다른 길에 다

다랐음을 보여줍니다. AI가 인간의 지능을 모방하는 '주체'로 대우받기 시작한 이 시대에, 정작 우리를 살게 하는 자연은 여전히 '말 못 하는 배경'으로 취급받고 있습니다. 자연에도 권리가 있을까요? 우리는 자연과 '대화'할 수 있을까요?

기술 권력과 정의의 문제

AI 기술은 막대한 자본과 데이터를 가진 소수의 국가와 기업에 집중되어 있습니다. 반면, 기후 위기로 인한 해수면 상승과 가뭄의 피해는 탄소를 가장 적게 배출한 남반구의 빈곤국들이 가장 먼저 입습니다. 기술의 혜택은 상단에 머물고, 기술의 부작용은 하단으로 흐르는 이 불평등을 우리는 어떻게 해결해야 할까요? 미래사회에서 '우리'라는 범위는 어디까지 확장되어야 할까요?

가장 인간다운 길, '책임'의 연대

인공지능의 시대는 우리에게 '지능이란 무엇인가?'를 묻습니다. 기후 위기의 시대는 우리에게 '생명을 어떻게 지킬 것인가?'를 묻습니다. AI는 빠르게 계산하고 답을 내놓을 수 있습니다. 그러나 그 결과에 대한 책임까지 대신 지지는 않습니다. 책임은 오직 인간의 몫입니다. 인간만이 자기 선택이 미래에 어떤 영향을 미칠지 고민하고, 타인의 고통에 공감하며, 잘못된 길을 바로잡을 수 있습니다.

미래 사회의 인간은 '가장 똑똑한 지배자'가 아니라, '지구라는 집을 관리하는 현명한 돌봄이(Steward)가 되어야 합니다. 인공지능이라는 강력한 도구를 이용해 기후 위기의 해법을 찾아내고, 기술로 얻은 시간과 자원을 자연과의 관계 회복과 약한 존재들을 보호하는 데 더 많이 써야 합니다.

우리가 걷는 이 길은 차가운 실리콘 칩과 뜨거운 이산화탄소 사이의 좁은 길입니다. 하지만 우리가 서로 연대하고, 기술보다 생명을 먼저 생각하며, 약간의 불편함을 감수할 용기를 낸다면, 이 길은 새로운 문명으로 가는 통로가 될 것입니다. 기계의 지능이 아닌 인간의 지혜로, 데이터의 지배가 아닌 생명의 공존으로 나아가는 길 말입니다. 여러분의 손에 들린 스마트폰보다, 그 스마트폰을 쥐고 서 있는 발밑의 흙이 더 소중하다는 사실을 기억할 때, 진정한 미래는 비로소 시작될 것입니다.

생각해볼 문제

기술적 편의와 환경적 비용: 인공지능이 제공하는 편리함과, 그로 인해 발생하는 전력·물 소비와 탄소 배출 사이에서 우리는 어떤 우선순위를 가져야 할까요? 만약 AI 서비스 이용에 '탄소 배출 제한량'이나 '유료 환경 부담금'이 붙는다면, 여러분은 찬성하시겠습니까?

사유의 고유성: 생성형 AI가 인간보다 더 훌륭한 논설문이나 예술 작품을 만들어낼 수 있다면, 인간이 직접 무언가를 배우고 익히는 과정(실수와 시행착오를 겪는 사유의 고통)은 여전히 가치가 있을까요? 있다면 그 이유는 무엇인가요?

자연의 권리: 인공지능에게 법적 책임이나 권리를 부여하자는 논의가 있듯이, 산이나 강과 같은 자연 생태계에도 법적 주체성을 부여해야 한다는 주장에 대해 어떻게 생각하십니까?

글로벌 정의: AI 기술의 혜택은 선진국에 집중되고, 기후 위기의 피해는 빈곤국에 집중되는 불균형을 해결하기 위해, 미래 세대인 여러분이 실천할 수 있는 '공존의 연대'는 무엇이 있을까요?

인간의 정의: 미래 사회에서 '가장 인간답다'는 것은 뛰어난 지능일까요, 아니면 타자와 지구에 대한 책임감일까요? 여러분이 정의하는 미래의 인간상은 무엇입니까?

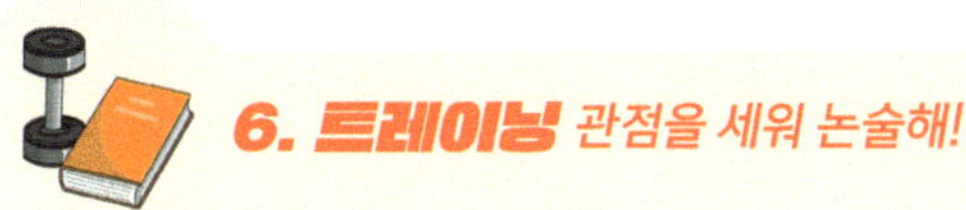

가상 토론

2050년, 우리는 어떤 세상에 살고 있을까?

참가자:

김미래: 기술 발전의 긍정적 측면을 강조하는 낙관론자. AI, 로봇 기술이 인류의 삶을 혁신할 것이라고 믿는다.

박신중: 기술 발전의 부작용과 사회적 불평등 심화에 대해 우려하는 신중론자. 인간 소외 문제에 관심을 둔다.

이환경: 기후변화와 환경 문제의 심각성을 강조하며 지속가능한 발전을 최우선으로 생각하는 환경론자.

최글로벌: 국제 협력과 세계 시민 의식을 강조하는 국제 관계 전문가. 지정학적 변화와 평화에 관심이 많다.

1. 정치: 민주주의의 변화와 새로운 리더십

사회자: 첫 번째 주제는 정치 분야입니다. 2050년의 정치체제는 지금과 어떻게 달라져 있을까요? 기술 발전이 민주주의에 어떤 영향을 미칠 것이며, 우리는 어떤 형태의 리더십을 기대할 수 있을까요?

김미래: 저는 AI와 빅데이터 기술이 직접 민주주의를 강화할 것이라고 봅니다. 시민들은 모바일 앱을 통해 정책 결정 과정에 실시간으로 참여하고, AI는 방대한 데이터를 분석하여 각 개인에게 최적화된 정책 정보를 제공할 겁니다. 복잡한 정치 문제도 AI가 데이터를 기반으로 합리적인 해결책을 제시하며, 리더십은 더 이상 카리스마적인 개인이 아니라 데이터를 정확히 해석하고 여론을 성실히 반영하는 '데이터 기반의 합리적 조정자'의 역할로 변화할 것이라고 봅니다. 그만큼 정책의 투명성과 효율성이 극대화될 수 있다고 기대합니다.

박신중: 김미래님 말씀처럼 기술이 민주주의에 긍정적인 영향을 줄 수도 있겠지만, 저는 그 이면에 더 큰 우려가 있다고 생각합니다 AI가 모든 정보를 필터링하고 분석하면서 오히려 '알고리즘에 의한 여론 조작'이나 '정보 편향'이 심화될 위험이 큽니다. 개인의 정치적 성향에 맞춰진 정보만 접하게 되면, 사회 전체의 합리적인 토론과 숙의 과정은 약화될 수 있습니다. 또한, 기술을 소유하고 통제하는 소수 엘리트가 정치적 권력을 독점하게 되어 '기술 독재'로 이어질 가능성도 배제할 수 없습니다. 진정한 민주주의는 기술이 아니라 시민들의 비판적 사고와 참여 의식에서 나온다고 생각합니다. 진정한 리더십은 기술을 맹목적으로 신뢰하

기보다, 기술이 윤리적으로 사용되도록 관리하고 사회적 약자를 보호하는 '인간 중심의 조정자'가 되어야 합니다.

이환경: 저는 앞으로 정치의 가장 큰 화두가 '기후 비상사태'가 될 것이라고 봅니다. 2050년에는 기후변화로 인한 극단적인 기상 이변이 일상이 되고, 식량과 물 부족 문제가 국가 안보의 핵심 쟁점이 될 가능성이 큽니다. 따라서 정치 리더십은 환경 문제 해결을 최우선 과제로 삼는 '생태적 리더십'으로 변화해야 합니다. 단기적인 경제 성과나 당장의 지지율보다는 미래 세대를 위한 지속가능한 정책을 추진하고, 강력한 환경 규제와 탄소 중립 정책을 이끌어갈 수 있는 결단력 있는 리더가 필요할 것입니다. 그렇지 않으면 민주주의 자체가 환경 재앙 앞에 무력해질 수밖에 없습니다.

최글로벌: 국제 정치의 변화도 중요합니다. 2050년에는 국경을 초월하는 글로벌 도전 과제들이 더욱 증폭될 것입니다. 팬데믹, 기후변화, 사이버 테러 같은 문제는 어느 한 국가의 노력만으로는 해결할 수 없습니다. 따라서 국제 협력과 글로벌 거버넌스의 중요성이 더욱 커질 것입니다. 유엔 같은 국제기구의 역할이 강화될 수도 있고, 다국적 기업이나 비정부기구(NGO)의 영향력이 더욱 확대될 수도 있습니다. 저는 민주주의가 국가 단위를 넘어 '글로벌 시민 민주주의'의 형태로 발전해갈 여지가 있다고 봅니다. 각국 리더들은 자국의 이익을 넘어, 인류 공동의 문제 해결에 기여하는 '글로벌 협력의 리더'로서의 자질이 더욱 요구될 것입니다.

나도 한마디 : (   )

사회자: 2050년, 우리는 '투표'라는 행위를 지금처럼 할까요? 아니면 전혀 다른 형태로 참여하게 될까요?

김미래: 아마 스마트폰이나 웨어러블 기기를 통해 언제 어디서든 투표하고, 정책에 대한 의견을 실시간으로 제시하게 될 겁니다. AI가 이런 데이터를 종합해 정책에 반영하는 형태가 되겠죠. 블록체인 기술을 활용하여 투표의 투명성과 보안도 완벽하게 보장될 것입니다. 더 이상 투표소를 찾아갈 필요가 없는, 말 그대로 '항상 연결된 민주주의' 시대가 올 겁니다.

박신중: 저는 투표 방식의 변화보다 중요한 것은 '정치 참여의 질'이라고 생각합니다. 기술이 편리함을 제공할수록, 오히려 시민들이 깊이 있는 고민 없이 피상적인 정보에 따라 즉흥적인 의사결정을 내릴 위험도 커집니다. 또 기술에 익숙하지 않은 계층은 정치 참여에서 소외될 수 있고, 이는 새로운 형태의 불평등을 야기할 수 있습니다. 기술을 활용하더라도 시민교육과 숙의 민주주의를 강화하여 시민들이 책임감 있는 주권을 행사하도록 돕는 것이 더 중요하다고 봅니다.

나도 한마디 : (   )

2. 경제: 초연결 시대의 경제 시스템과 일자리 변화

사회자: 다음은 경제 분야입니다. 2050년의 경제 시스템은 어떤 모습일

까요? 그리고 우리의 일자리는 어떻게 변화할 것이며, 우리는 그 변화에 어떻게 대비해야 할까요?

김미래: 저는 2050년에는 '탈중앙화된 스마트 경제'가 도래할 것이라고 봅니다. 블록체인 기술로 금융거래, 계약, 자산 관리 등이 투명하고 효율적으로 이루어질 것입니다. AI와 로봇이 대부분의 반복적이고 육체적인 노동을 대체하면서 생산성은 기하급수적으로 증가하겠죠. 그 과정에서 기존 일자리는 상당 부분 사라지겠지만, AI를 관리하고 새로운 기술을 개발하며 인간 고유의 창의성과 감성을 활용하는 '고부가가치 일자리'가 새롭게 창출될 겁니다. 결국 더 많은 사람이 자신이 좋아하는 일을 하면서도 풍요롭게 사는 시대가 열릴 것이라고 예측합니다.

박신중: 김미래님 말씀처럼 기술 발전이 생산성을 높이는 것은 분명하지만, 저는 그로 인한 '고용 없는 성장'과 '양극화 심화'를 우려합니다. AI와 로봇이 일자리를 대체하면, 기술을 소유하거나 다룰 수 있는 소수만 부를 축적하고 대다수는 일자리 경쟁에서 밀려나 소득 불균형이 심화될 수 있습니다. 기본소득제 같은 사회 안전망이 중요해지겠지만, 이것만으로는 해결되지 않는 근본적인 사회적 불만이 쌓일 수 있습니다. 사람들은 로봇에게 일자리를 빼앗긴다는 불안감과 함께 인간 소외를 경험할지도 모릅니다. 우리는 인간의 존엄성을 지킬 수 있는 새로운 경제 모델을 진지하게 고민해야 한다고 생각합니다.

이환경: 저는 2050년 경제가 '순환 경제'와 '친환경 산업' 중심으로 재편될 것이라고 봅니다. 기후변화와 자원 고갈 문제로 인해 더 이상 무분별한 생산과 소비는 지속되기 어렵기 때문입니다. 모든 산업은 탄소 배출

을 최소화하고, 폐기물을 다시 자원으로 순환시키는 방향으로 전환될 것입니다. 신재생에너지, 친환경 소재, 재활용 기술 관련 산업이 폭발적으로 성장하고, 이 분야에서 새로운 일자리가 대거 창출되겠죠. 기업의 지속가능성이 핵심 경쟁력이 되고, 소비자들도 환경을 생각하는 소비를 하게 될 것입니다.

최글로벌: 2050년 경제는 '국경 없는 디지털 경제'의 성격이 더욱 강해질 것입니다. 전 세계 어디에서든 원격으로 일하고, 국경을 넘어 상품과 서비스가 자유롭게 거래될 수 있습니다. 하지만 이 과정에서 '디지털 격차'와 '데이터 주권' 문제가 심화될 가능성이 큽니다. 특정 국가나 소수 거대 IT 기업이 글로벌 데이터와 플랫폼을 장악하면, 그만큼 경제적 불평등이 심해질 수 있습니다. 또 기술 발전 속도를 따라가지 못하는 국가들은 뒤처지면서, 국가 간 경제력 격차가 새로운 국제 분쟁의 불씨가 될 수도 있습니다. 국제적인 규제와 협력을 통해 공정한 글로벌 디지털 경제 질서를 만드는 일이 매우 중요해질 것입니다.

나도 한마디 : (**)**

사회자: AI와 로봇이 우리의 일을 대신하면서, 인간은 어떤 능력을 키워야 할까요?

김미래: 저는 창의성, 비판적 사고, 문제 해결 능력, 그리고 공감 능력 같은 인간 고유의 역량이 더 중요해질 것이라고 생각합니다. AI가 할 수 없는 새로운 아이디어를 내고, 복잡한 상황에서 윤리적 판단을 내리며,

타인과 협력하고 소통하는 능력 말이죠. 또 평생 학습을 통해 끊임없이 새로운 기술을 배우고 변화에 적응하는 유연성도 필수라고 봅니다.

박신중: 저는 인간 본연의 '의미 찾기'와 '사회적 관계 형성 능력'이 더 중요해질 것이라고 봅니다. 단순히 생산성과 효율성만을 추구하는 것이 아니라, 인간이 무엇을 위해 살고 일하는지, 어떤 가치를 추구해야 하는지에 대한 근본적인 질문이 중요해질 겁니다. 기술이 아무리 편리함을 주더라도, 외로움이나 소외감을 줄이기 위해 공동체 의식과 인간미를 잃지 않는 것이 미래 사회에서 가장 중요한 능력 가운데 하나라고 생각합니다.

나도 한마디 : (   )

3. 사회: 개인의 삶과 공동체의 변화

사회자: 다음은 사회 분야입니다. 2050년의 개인의 삶과 공동체는 어떻게 변화할까요? 가족의 형태나 사회적 관계는 지금과 많이 달라질까요?

김미래: 개인의 삶은 훨씬 더 풍요롭고 편리해질 겁니다. 스마트홈 시스템은 우리의 생활을 효율적으로 관리하고, 가상현실(VR)과 증강현실(AR) 기술로 시공간 제약 없이 다양한 경험을 할 수 있을 겁니다. 개개인의 취향과 필요에 맞춰진 '초개인화된 삶'이 가능해지는 것이죠. 공동체는 물리적 공간을 넘어, 온라인에서 형성되는 '관심 기반의 가상 공동

체'가 주를 이룰 겁니다. 전 세계 어디에 있든 같은 취미나 가치를 공유하는 사람들과 쉽게 연결되어 소속감을 느낄 수 있을 겁니다. 가족 형태도 전통적인 모습에서 벗어나, 개인의 선택에 따른 다양한 형태로 변화할 것이라고 봅니다.

박신중: 저는 편리함이 극대화면서 '인간 관계의 피상화'와 '사회적 고립'이 심해지지 않을까 우려됩니다. 가상 세계에서의 관계는 현실 세계의 깊이 있는 상호작용을 대체하기 어렵습니다. 스크린 너머의 관계에만 몰두하다 보면 실제 이웃과의 소통이 끊기고, 사회적 유대감이 약화될 수 있습니다. 또한 기술에 대한 접근성에 따라 정보격차가 심화되어 사회적 불평등이 더욱 고착화될 가능성도 있습니다. 가족의 해체나 다양한 가족 형태의 등장은 긍정적인 면도 있지만, 전통적인 가족이 담당했던 돌봄이나 사회화 기능이 약해질 때 생기는 문제들에 대한 사회적 고민이 필요합니다.

이환경: 2050년 사회는 '기후 난민'과 '자원 분쟁'으로 인해 기존 공동체가 큰 도전에 직면할 것입니다. 해수면 상승으로 인한 대규모 이주, 물 부족으로 인한 갈등 등이 발생하면서 사회적 불안정성이 커질 수 있습니다. 이러한 환경 위기 속에서 공동체는 생존을 위해 '지역 기반의 자급자족형 공동체'를 강화하고, 지속가능한 삶을 위한 협력과 연대의 중요성이 더욱 부각될 것입니다. 개인의 삶도 환경을 배려하는 '생태 중심적 삶'으로 바뀌어, 불필요한 소비를 줄이고 친환경적인 생활 습관이 필수가 될 겁니다.

최글로벌: 국제사회의 상호 연결성이 커지면서 '글로벌 문화의 혼종성'과

'다문화 사회의 확산'이 가속화될 것입니다. 전 세계적으로 인구 이동이 활발해지면서, 대부분의 국가가 다문화 사회가 되고 다양한 문화가 섞이며 새로운 문화가 생겨나겠죠. 이는 사회적 다양성을 높이고 혁신을 촉진할 수 있지만, 동시에 문화적 충돌이나 이민자 문제 같은 새로운 사회적 과제를 야기할 수 있습니다. 개인은 '세계 시민'으로서의 정체성을 점점 더 강하게 갖게 될 것이고, 공동체는 문화적 다양성을 포용하고 이해하는 능력을 핵심 역량으로 삼아야 할 것입니다.

나도 한마디 : (   )

사회자: 미래사회에 나타날 수 있는 '새로운 사회 문제'에는 어떤 것들이 있을까요?

김미래: AI나 로봇이 지나치게 인간의 삶에 너무 깊이 개입하면서, 개인의 선택권이 줄어드는 '자율성 침해' 문제가 생길 수 있다고 봅니다. 또 인간의 노동이 점차 필요 없어지는 상황에서는 '나는 무엇을 위해 존재하는가'라는 존재론적 공허감을 느끼는 사람들이 늘어날 수 있습니다. 디지털 중독이나 가상현실에 대한 과도한 몰입으로 현실 세계와의 연결이 끊어지는 문제도 중요한 사회 이슈가 될 것 같습니다.

박신중: 저는 '디지털 계급화'가 가장 심각한 사회 문제가 될 수 있다고 봅니다. 기술에 접근할 수 있는 사람과 그렇지 못한 사람 사이에 교육, 일자리, 심지어 삶의 질까지 극심한 격차가 생기면서 새로운 형태의 사회 불평등이 고착화될 수 있습니다. 또한 끊임없이 연결된 사회 속에서

'프라이버시 침해' 문제가 더욱 심각해질 것이고, 이는 단순한 불편을 넘어, 개인의 자유와 권리를 위협하는 수준이 될 수 있습니다.

4. 환경: 기후 위기와 지속가능한 미래

사회자: 네 번째 주제는 환경입니다. 2050년, 우리는 기후 위기를 극복했을까요? 아니면 더 심각한 상황에 직면해 있을까요? 지속가능한 미래를 위해 어떤 노력들이 필요할까요?

김미래: 저는 비교적 긍정적으로 보고 싶습니다. 2050년에는 AI와 빅데이터가 기후변화 예측과 대응 시스템을 고도화하고, 탄소 포집 및 저장(CCS) 기술이나 핵융합 발전 등 혁신적인 친환경 에너지 기술이 상용화되어, 기후 위기를 효과적으로 제어할 수 있을 것이라고 생각합니다. 또한 환경 데이터를 실시간으로 모니터링하여 오염원을 정확히 파악하고 제거하는 기술이 발전하면서, 환경문제에 대한 대응 능력도 지금보다 비약적으로 높아질 겁니다. 저는 기술이 환경문제를 해결하는 핵심 열쇠가 될 것이라고 믿습니다.

박신중: 저는 기술만으로는 기후 위기를 해결하기 어렵다고 봅니다. 이미 많은 기술이 개발되고 있지만, 기술 도입을 가로막는 경제적·정치적 이해관계가 복잡하게 얽혀 있기 때문입니다. 2050년에도 기후 위기는

더욱 심각해질 가능성이 높습니다. 극심한 기상이변, 해수면 상승, 생물 다양성 감소 등 우리가 감당하기 어려운 재앙들이 더욱 빈번해질 것입니다. 지속가능한 미래를 위해서는 기술 혁신과 더불어 인간의 '소비 습관 변화'와 '윤리적 책임'이 선행되어야 합니다. 과도한 생산과 소비를 줄이고, 에너지를 절약하며, 환경을 보호하는 의식적인 노력이 없다면, 아무리 앞선 기술도 결국 무용지물이 될 수 있다고 생각합니다.

이환경: 저는 2050년에도 기후 위기는 우리 삶의 가장 큰 위협으로 남아 있을 것이라고 생각합니다. 이미 티핑 포인트에 도달했을 가능성도 배제할 수 없습니다. 따라서 '생존을 위한 긴급한 전환'이 필요합니다. 모든 에너지는 재생에너지로 100% 전환되고, 모든 산업은 탄소 배출 제로를 목표로 재편될 것입니다. 개인의 삶도 플라스틱 제로, 육류 소비 최소화, 대중교통 이용 등 극단적인 친환경 생활 방식이 보편화될 것입니다. 그렇지 않으면 인류는 생존 자체를 위협받는 심각한 상황에 직면할 것입니다.

최글로벌: 기후 위기는 국경을 초월하는 문제이기 때문에, 국제사회의 '공동 대응과 협력'이 무엇보다 중요합니다. 2050년에는 기후변화로 인한 '기후 난민' 문제가 전 세계적인 이슈가 될 것이며, 이는 새로운 형태의 국제 분쟁을 야기할 수도 있습니다. 선진국과 개발도상국 간의 책임 분담 문제, 기후 정의 문제 등 복잡한 국제 현안들이 계속 쌓일 겁니다. 따라서 글로벌 기후 거버넌스를 강화하고, 모든 국가가 탄소 중립 목표에 합의한 뒤 실제 행동으로 옮기도록 만드는 국제 협약과 감시 체계가 필수적입니다. 한 국가만의 노력으로는 절대 해결할 수 없는 문제입니다.

사회자: 그렇다면, 우리가 지금부터 당장 실천할 수 있는 가장 중요한 환경 보존 노력은 무엇일까요?

김미래: 저는 일상 속 작은 습관부터 바꾸는 것이 중요하다고 생각합니다. 재활용률을 높이고 불필요한 일회용품 사용을 줄이는 것, 에너지 효율이 높은 기기들을 사용하고, 가능하면 대중교통·도보·자전거 이용을 습관화하는 일들이죠. 기술이 제공하는 친환경적인 옵션들, 예를 들면 스마트 전력 관리 시스템이나 전기차, 공유 모빌리티 같은 것들을 적극 활용하는 것도 도움이 될 것입니다.

박신중: 저는 '생산자와 소비자의 책임 의식 강화'가 핵심이라고 봅니다. 기업은 친환경적인 생산 방식을 채택하고, 소비자는 환경을 고려한 제품을 선택하는 것이 중요합니다. 더 나아가 기후변화의 심각성에 대한 교육을 강화해, 미래 세대가 환경 문제를 '남의 일'이 아닌 자신의 문제로 인식하도록 돕는 것이 근본적인 해결책이라고 생각합니다. 저는 작은 실천들이 모여 큰 변화를 만들어낼 수 있다고 믿습니다.

5. 국제사회: 평화와 갈등, 그리고 새로운 국제질서

사회자: 마지막 주제는 국제사회입니다. 2050년의 국제질서는 어떤 모습일까요? 강대국 간의 관계는 어떻게 변화할 것이며, 우리는 평화로운 세상을 만들 수 있을까요?

김미래: 저는 기술 발전이 국제 협력을 강화하고 갈등을 줄일 것이라고 낙관합니다. 실시간 통역 기술과 가상현실을 이용한 국제 회의는 물리적·언어적 장벽을 허물어 국가 간 소통을 원활하게 할 것입니다. AI는 복잡한 국제분쟁 데이터를 분석하여 최적의 외교적 해법을 제시하고, 감정적인 대립을 줄이는 데 기여할 수 있습니다. 또한 기술 발전에 따른 경제적 상호 의존도가 더 깊어지면, 전쟁으로 얻는 이득보다는 평화적 협력의 가치가 더욱 커질 것이라고 봅니다. 결국 기술이 평화를 위한 중요한 도구가 될 수 있다고 생각합니다.

박신중: 저는 기술이 오히려 '국제 갈등의 새로운 도구'가 될 수 있다는 점을 우려합니다. 사이버 전쟁, AI 무기 경쟁, 생물학 무기 등 첨단 기술이 통제 불능의 무기가 될 위험이 있습니다. 강대국들은 자국의 기술 패권을 확보하기 위해 끊임없이 경쟁할 것이고, 이는 새로운 형태의 신냉전 시대를 초래할 수도 있습니다. 국제사회의 윤리적 규범과 군비 통제 노력이 선행되지 않는다면, 기술은 오히려 인류에게 더 큰 위협이 될 수 있습니다. 평화를 위해서는 기술 통제와 국제적인 합의가 필수적입니다.

이환경: 저는 2050년의 국제질서가 '기후 위기 대응을 위한 연대'와 '자

원 확보를 위한 갈등'이라는 두 가지 축으로 움직일 것이라고 봅니다. 기후변화로 인한 식량·물·에너지 부족 문제는 각국의 생존과 직결되면서 새로운 자원 확보 경쟁을 일으킬 수 있습니다. 동시에 이러한 위기 속에서 인류는 기후 위기라는 공동의 적에 맞서기 위한 초국가적인 협력의 필요성을 절감하게 될 것입니다. 강대국들은 기후변화 해결에 대한 리더십을 두고 경쟁하면서도, 기후 위기 대응만큼은 협력을 피할 수 없을 것입니다. 저는 평화가 결국 공정한 자원 배분과 환경 정의를 얼마나 실현하느냐에 달려 있다고 생각합니다.

최글로벌: 2050년에는 미국과 중국 간 패권 경쟁이 여전히 국제질서의 핵심 변수일 가능성이 큽니다. 기술·경제·군사 등 여러 분야에서 경쟁이 격화되면, 세계가 여러 블록으로 나뉜 '신냉전' 구도가 더 굳어질 수도 있습니다. 동시에, 인구와 경제 규모가 커진 여러 개발도상국의 영향력이 커지면서 '다극화된 국제질서'로 변화할 가능성도 있습니다. 유엔 같은 기존 국제기구의 개혁과 더불어, 새로운 형태의 글로벌 거버넌스 모델이 필요할 것입니다. 평화를 위해서는 국가 간 상호 이해와 문화 교류를 증진하고, 다자주의적 외교를 통해 갈등을 관리하는 노력이 무엇보다 중요합니다.

나도 한마디 : (   )

사회자: 미래의 국제 분쟁은 어떤 형태로 나타날까요? 전통적인 전쟁 외에 새로운 위협이 있다면 무엇일까요?

김미래: 앞으로는 물리적인 군사 충돌보다는 사이버 테러, 정보전, 경제 제재 같은 비대칭적 분쟁이 더 많아질 것 같습니다. AI를 활용한 가짜 뉴스 유포나 핵심 인프라 마비 시도 등 눈에 보이지 않는 형태로 국가 안보를 위협하는 행위가 더 빈번해질 수 있습니다.

박신중: 저는 '생명공학 기술을 이용한 생물학적 위협'이나 '자율 살상 로봇 같은 AI 무기의 오작동 또는 통제 불능'이 심각한 위협이 될 수 있다고 봅니다. 기술 발전이 가져올 수 있는 통제 불가능한 위험에 대한 국제적 규제와 감시가 절실합니다. 또 지구온난화로 인한 기후 난민, 식량·물 부족 문제도 앞으로 국제 분쟁의 중요한 불씨가 될 수 있습니다.

나도 한마디 : (   )

사회자: 오늘 토론을 통해 2050년 미래사회에 대한 다양한 예측과 우려를 들어볼 수 있었습니다. 기술 발전이 가져올 긍정적인 변화와 동시에, 우리가 마주하게 될 도전 과제들도 함께 살펴봤습니다. 미래는 정해져 있는 것이 아니라, 지금 우리의 선택과 노력에 따라 달라질 것입니다. 우리는 어떤 미래를 만들고 싶은가요? 그리고 그 미래를 위해 지금부터 무엇을 준비해야 할까요?

통하는 통합사회 ❷

초판 1쇄 인쇄 2026년 4월 10일
초판 1쇄 발행 2026년 4월 20일

지은이 | 통합사회연구소
발행인 | 이승현
편집 | 강세윤, 이상원, 임재청
디자인 | 이원우

펴낸곳 | 펜타클
주소 | 경기도 파주시 헤이리로 133번길 63, 4층(10858)
전자우편 | pentaclebooks@naver.com

인쇄·제본·후가공 | (주)프린탑
배본 | 문화유통북스

ISBN 979-11-998532-0-1 (44300)
SET ISBN 979-11-992390-1-2 (44300)